創見文化，智慧的銳眼
www.book4u.com.tw　www.silkbook.com

創見文化，智慧的銳眼
www.book4u.com.tw　　www.silkbook.com

創見文化，智慧的銳眼
www.book4u.com.tw　　www.silkbook.com

創見文化，智慧的銳眼
www.book4u.com.tw   www.silkbook.com

從想要到做到的
意志力鍛鍊手冊

意志的鍛鍊就是不斷地勉強自己，
堅持做，不難！只要你用對方法！

企業管理專業顧問 **林均偉**◎著

Concentration
and Willpower

你想掌控你的人生嗎？

Willpower

　　無論你現在追求的生活目標是購買一棟位於精華區的房子、找到一份有發展前景的好工作、順利通過公司升職考核、考上一所心目中理想的學校，還是甩掉多餘贅肉、降低脂肪肝指數、發展一段穩定的感情，最終的目的都是：創造自己滿意的生活。

　　我們腦海中萌生的想法，只要你有決心通常一開始就能立即行動起來，但是要想長期堅持下去的話則會很難、很痛苦。這就是為什麼在新的一年到來，很多人都會許下新計畫，像是「從今年起，我每個月要存 1 萬元、開始運動、要瘦身減重、學第二外語……。」剛開始的一兩個月都有所行動……但很快就不了了之。於是每年的新年新希望都無疾而終。這是為什麼呢？其實說穿了，原因不外乎就是——意志力薄弱，堅持度不夠，動不動就放棄，容易受到誘惑；做事總是分心走神、三分鐘熱度。但是，只要你能——忍住了誘惑、對抗了心魔，你所得到的，就會是你一直渴望的事物或想達到的目標。世界上，唯一能完全控制的，就是你自己的意志力。本書就是要教你如何有效掌控意志力來改變你的人生。

　　在每一次的生活目標設定和每個階段的人生變化當中，多數人都很難忽略一個常態版現象，那就是我們經常忙著設定各種小目標、擬定各種大計畫，但到頭來最擅長的卻是一口氣放棄它們，因為最根本的問題在於，意志力總是像顆電力有限的電池，沒辦法持久運作到實現目標。

　　降低意志力消耗、提高效率的最重要方法是形成習慣，一件事一旦形

成自動檔，對意志力的損耗就會比較小。如果我能養成跑步的習慣，那麼當我跑步時，意志力消耗就會少很多。

為什麼有些人資質、學歷跟你差不多，後來的人生卻變得有錢又有閒，和你拉開了一大段距離。因為他們不斷努力，懂得自我管理，擁有良好的習慣，有很強的意志力，能控制自己內心的衝突與矛盾，能約束自己的言行和情緒。例如：他能夠在你逛網站、滑手機玩遊戲的時候，去上線上英語課程，去看書，去理財；在你還在賴床睡懶覺的時候，他能早起跑步健身；在你大吃大喝縱情吃宵夜的時候；他能控制飲食，作息正常、不熬夜，形成良好的生活規律……時間一久，他就與你拉開了距離，成了物質和時間上的富人。不是有句話說，你連自己的體重都控制不了，你如何能掌控人生呢？那些在體重控制方面成功的人，在生活的其他方面是不是也容易獲得成功？我相信那些能夠控制自己體重的人，通常都有良好的習慣與強大的意志力與自控能力，堅持不懈地朝著某一個目標邁進。好身材的背後，極可能是他或她十幾年如一日地控制飲食、按時運動、遵守規律的作息。這反映了一個人的自我約束、自制的能力。所以也有人說，好身材是自我修養的外在體現。年紀越大，維持一個好身材就越需要自律精神。

你覺得有些人比較容易成功嗎？暢銷書作家布萊恩‧崔西（Brian Tracy）指出，人們的智力、天賦其實差異不會太大，到頭來導致成就落差很大的關鍵，就在於持續力。其實，很少人一開始就擁有得天獨厚的條件，他們的成功，憑藉的完全是意志力、持續力和自控力！一般人在做事、完成目標上無法持續的問題通常出在「三分鐘熱度」，而成功的關鍵就在你自己，意志的鍛鍊，就是「勉強自己」別對自己手下留情，這樣才能對抗各種藉口，持之以恆達成設定的目標。

　　關於如何增強意志力的研究行之有年，不斷更新的研究資料也頻繁發佈，越來越多人意識到意志力帶給自己的好處，不僅僅是完成預定目標、專心做好手上的事，還包括了管理生活、調節身心健康狀態，以及增強決策力、理解力、思考力等其他能力，而在許多增強意志力的相關訓練中，如果你需要簡易、直接、平常在家就能自己鍛鍊的訓練方式，那麼本書所彙整介紹的方式將能滿足你的需求。

　　本書以意志力為著眼點，全面闡述了如何進行自我心靈控制，達到擁有強大意志力的目的。全書注重實用的操作方法，讀者可以按照具體的步驟實現預期的目標。教你有效利用「意志力」達成目標、讓「持續力」幫助你告別3分鐘熱度、運用「自控力」助你擺脫誘惑與壞情緒！基於實用、簡易、有效、符合現代生活模式的原則，書中分設五大章節，從個人成長、工作學習、人際社交、身心狀態管理等面向，提供意志力與專注力、思考力、說服力等相關能力的具體提升方式，而書中提供的自我訓練的方式主要以實用化、生活化為主，它們並不是死板的教條，當讀者經過練習而掌握其技巧與概念後，也能發想出屬於自己的訓練方式，甚至是與朋友一起鍛鍊，增加練習樂趣。

　　期盼讀者們能從自我訓練的過程中逐步提升意志力，自控力、持續力，透過不斷的練習成為自我管理的高手，進而改頭換面、達成目標，做更好的自己，翻轉人生！

Contents

Willpower

第 3 章 將意志力成功運用在工作上！

Willpower

第 **4** 章 想要人際關係一把罩？
意志力氣場為你加持！

Willpower

第 **5** 章 實現成長目標，靠意志力來成全

第 1 章

意志力才是
決勝關鍵

Concentration
and Willpower

1–1
意志力決定人生的成敗

優秀是天生的？還是意志力使然？

意志力與思想控制有直接的聯繫，一旦你意識到你能夠讓積極的思想排擠掉消極的思想，你就朝著自律人生前進了一大步。

——吉姆・蘭德爾

發明家愛迪生說：「偉大人物的最明顯標誌，就是他堅強的意志。」作為一種力量、一種精神，意志力是指一個人或一個組織想要達到某種目標而自覺奮鬥、永不退縮的心理狀態。它表現為一種承受能力、一種精神氣質。一個人意志力的堅強或薄弱，主要是指在承受過程中，這種精神氣質得到多大程度的展現。我們可以虛擬一個關於意志力的座標或數軸，這種精神氣質在座標或數軸的正方向延伸得越長，意志力就越堅強；相反，意志力則越薄弱。

意志力不僅能夠完全控制一個人的精神世界，還能讓人的心智達到前所未有的成熟。意志力是一把可以開啟人類洞察力和征服力的神奇鑰匙，是每一個成功者都擁有的最重要精神特質。成功學大師認為，意志力的發展對一個人的成功有舉足輕重的作用。一個人決心要完成某種行為時，意志力就代表著他表現出來的一種精神力量。一個人有了頑強的意志，就意味著他能夠通過意志力以及自己的身體或其他事物，利用巨大的能 量來

達到自己的目標。正如愛默生所說的，意志力是一種「對整個人進行 激勵的衝動」。

所以，訓練個人意志力、提升堅持力，對於提高我們自控、自律的能力、贏得成功的人生，都是至關重要的。

臺灣的「經營之神」王永慶常常告誡自己的子孫：「中國有句俗話『富不過三代』。白手起家的第一代，往往缺乏創業的條件，他們明白，如果不努力，根本就沒有出頭的日子。為了追求創業條件，他們事事都必須耗費苦心，在這種困境中創立起來的基礎一定是扎實的。第二代如果善於利用這個基礎，往往不太容易受到影響，他們起碼還知道用功。到了第三代，由於沒吃過什麼苦，甚至沒有遇過什麼挫折，因此容易鬆懈。人一旦鬆懈了，就會不知不覺地疏於防範。所以說，富貴不會超過三代。」

王永慶的發家史就是一個堅忍不拔、勇於拚搏、不斷進取的過程。他以堅強的意志力在貧困中崛起，又以平常的心態長守一生的財富。

意志力不僅是一種動態的思想力量，還是一種人們對目標不懈追求的力量，這種目標可以是暫時的，也可以是持久的、長期的；可以是只涉及為人處事的細微之處，也可以是關係到人的一生的複雜利益組合。而意志力在長期目標中所起的作用，則取決於其在平時完成某些事時所發揮的作用。

曾經有人問美國畫家韋伯斯特（Hutton Webster Jr.）一個問題，是什麼因素讓他決定成為畫家？韋伯斯特說年幼時與父親外出旅行，途中遇到了一位正在路邊寫生的畫家，對方的畫作立刻吸引了他的注意力，畫功更是讓人看得目不轉睛。他回憶說：「我就看著他畫畫，一直到我邊喊叫邊被父親強行拉走。從那一刻起，我知道我要成為一名畫家。」當時的他還不到五歲，卻已設定好人生的第一個發展目標。

正如你我在求學過程中都會被問及生涯規劃，韋伯斯特自然也不例外。當師長父母問他未來有什麼打算？以後想做什麼？他的回答總是「我要當畫家」，只是作為大學教授的父親並不認同他的決定，反而希望他從事教職。面對父親的期望，韋伯斯特毫不動搖，依然堅持走上畫家之路，這也導致父子關係一度緊張，直到他開始贏得比賽獎金與獎助學金，自付學費後，這才得到父母對他繪畫之路的支持。

日後，韋伯斯特成為了能在美術館展出作品的知名畫家，然而實現人生目標的同時，嚴重的關節炎卻讓他飽受折磨，他不僅不良於行，手也漸漸僵硬無力，最後甚至連拿起一枝畫筆也很吃力。對於任何人來說，這種打擊是殘酷的苦難，而對於韋伯斯特來說，他是以繪畫為職志的畫家，就算手有殘疾，也不願放棄對作畫的追求，於是他開始學習用嘴咬住畫筆來畫畫，繼續在畫布上從事創作。

從韋伯斯特的人生經歷中，我們可以發現他具有強韌的意志力，他清楚自己要什麼，並且能為實現目標刻苦努力，即使疾病摧毀了身體健康，也能以積極態度經營接下來的人生。同樣的，參加波斯灣戰爭而失去獨立行走能力的布爾曼（Arthur Boorman），一度因為醫生宣告他下半生都無法跑步運動，歷經了一段自暴自棄的生活後，在瑜珈教練的鼓勵與陪伴下，他持續練習瑜珈，漸漸地從跌跌撞撞到不需要依賴枴杖行走。布爾曼的友人為他拍攝了一段影片分享在 YouTube 上（http://youtu.be/qX9FSZJu448），許多人從影片中看到布爾曼在戶外奔跑的身影時，內心深受激勵，從而對那些已經放棄的事情開始重新堅持下去。

這兩則真人實事的故事顯現出一個道理，每個人為生活認真奮鬥的同時，必然會面臨許多挑戰與考驗，例如來自外界的競爭與壓力、對於自我能力的困惑與懷疑，甚至是命運突然送上門來的意外突擊，而面對這些無

法逃開的人生試煉，以及希望生活更美好的渴望時，「意志力」將是帶領我們做出改變、昂首前進的關鍵之鑰。

有不少人認為，一個人只要擁有很高的天賦、優渥的家世背景、良好的教育，他將比一般人更容易成功，而且遇到的挫折與阻礙會相對減少，這使得他很輕易能擁有一帆風順、名利雙收的美滿人生。理論上這樣的認知似乎合理，但現實世界卻是——那些令人稱羨的出身環境、天賦、才能、學識，雖然是較具優勢的社會發展條件，但並不代表擁有這些條件就會萬事如意，因為無論是實現生活目標也好，擺脫各類困境也罷，意志力才是人們能否成功的關鍵，一旦欠缺具有韌性的意志力與持續力，即使天生擁有「一手好牌」的人，也會打出奇差無比的牌局！

幸運的是，不管外在條件與人生境遇如何，每個人的意志力都可以透過訓練而提升，而唯有了解意志力的重要性，我們才能強化它、駕馭它、運用它，翻轉自己的人生，過著隨心所欲的生活。

⏱ 提升意志力的第一步：別再濫用你的意志力！

對於多數人來說，一個擁有堅強意志力的人，他應該是做事能堅持到底、有耐力、有毅力、下定決心就不輕易動搖、可以抵抗誘惑、戰勝自我惰性，甚至能在早上鬧鐘一響便立刻起床，而你又如何評價自己的意志力呢？

有不少人常感嘆自己的意志力薄弱，導致某些生活目標無法達成，例如，想要瘦身減重，遇到美食當前卻抵擋不了誘惑，每天運動半小時的計畫也常偷懶，眼看日復一日，減重瘦身沒有什麼成果，最後乾脆就放棄了。事實上，為了獲得更好的生活，以及期望自己能有好的改變，我們都曾興

致勃勃地訂出生活目標，例如戒煙、戒酒、戒咖啡、甩掉多餘贅肉、學會使用第二語言、改善做事優柔寡斷的壞毛病，或是養成有益於健康的運動習慣，而無論是小目標還是大計畫，常見的問題都是欠缺貫徹目標的意志力，因此才有人自嘲自己是「設立目標的巨人，貫徹行動的侏儒」。平心而論，設立目標不是難事，困難的是如何採取行動又能持之以恆地「持續做下去」，而當我們把做事半途而廢的行為歸咎於意志力薄弱，並且希望強化意志力的同時，首先要先反思一個問題：我們是否正確地運用了意志力？

很多人認為意志力是一股讓人堅持完成目標的精神能量，卻往往忽略了意志力的運作伴隨著「自我約束、節制」的要求，因此面對短期目標或是偶發事件時，我們的意志力可能會爆發出驚人力量，但面對長遠目標時，沒有人能保證自己的意志力能夠長時間保持堅強。這就像是參加馬拉松比賽，如果你只會讓自己拼命往前跑，完全不管自己的體能狀況跟外部條件，那麼在抵達終點前很可能就會先不支倒地，所以獲勝的關鍵不在於一開始跑多快，而是過程中如何調配自己的體能狀態，以便在最後階段能夠加速跑向終點。這意味著透過自我訓練讓意志力獲得強化，並且學會控制它、運用它，我們才能在實現目標時事半功倍，而不會反過來因為濫用意志力讓自己精疲力竭。

 ## 鍛鍊意志力的原則

在一些偶然發生的事件中，意志力通常也能表現出巨大的力量。但如果面對的是某一事件的全過程，或者關係一生的宏偉目標，它又可能會表現得有些力不從心。換句話說，一個人的決心通常是不堅定的，因此，他無法在一段很長的時間內或者一系列行為中保持滿載的意志力。當然也就

難以通過意志力去實現長期的目標。因此，訓練和提升一個人的意志力，是關係人一生成敗的重要條件。

⌖ Do it！你可以這樣做！

❶ 讓積極的行為成為一種習慣

研究表明，意志力是一種有限的資源。當你下意識地控制自己的衝動、想法或做出決定、抵禦誘惑時，你就會逐漸感到疲倦。這種意志力耗盡之後，你就無法積蓄下一階段所需的意志力了。

因此，最好的做法是在挑戰和誘惑面前堅定不移，將這些積極的做法形成習慣，就像每天刷牙、吃飯一樣。

◇ 寫下激勵性的文字，放在自己隨時能看到的地方，並在腦海中逐漸強化這些內容。

◇ 每天（每週或每月）騰出一段時間審視自己，確定自己的哪些做法是值得肯定並需要繼續發揚的，弄清哪些做法是需要避免並改正的。

◇ 告訴自己周圍所有的親人、同事和朋友你在生活和工作過程中的積極體驗，把不良情緒拋到一邊，這會增加你的自信心，也會令你的積極行為逐漸成為一種習慣。

◇ 在培養習慣的過程中，不要指望一次就能獲得成功，通常培養一個習慣要反覆嘗試很多次才能成功。每次失敗時，都要把原因找出來，想出解決辦法，多試幾次，保持足夠的耐心。

❷ 制訂目標，並學會分解目標

對於一個人來說，擁有一個明確的目標很重要。我們可以看到，無論在哪裡，有目標並努力去實現的人會從一般的小人物變成管理者，從管理者變成領導者。可見，制訂目標並積極行動，對一個人意志力的培養至關重要。

◇ 目標不要設立太多，如果貪圖一舉多得，你就很可能沒有足夠的意志力去實現。

◇ 為自己創造動力，實現較高的目標，是需要很強的意志力的。這時，可以嘗試將一個大目標分解成一個個小目標，一一實現效果會更好。

◇ 給自己創造一個關鍵字或短語，在自己脆弱時，就提醒自己不要忘記自我價值。這會激勵你不斷前進，繼而使你對關鍵字做出積極的反應。

◇ 實現了一個消耗巨大意志力的目標後，要給自己適當的休息時間，然後再去實現下一個目標，不要將意志力一次性消耗光。

◇ 人的意志力在早晨時是最強的，因此可以將需要意志力的任務放在早晨完成。比如，想堅持鍛鍊身體，就最好養成早上鍛鍊的習慣。

想要無痛鍛鍊意志力？你可以從整理書櫃開始！

對於某些人來說，提升意志力的自我訓練等同於一連串苛刻的身心考驗，訓練過程也被想像得帶有「勞其筋骨、餓其體膚」的色彩，彷彿只要能盤坐在冰冷的瀑布下，或是持續忍受飲食與睡眠的匱乏，我們就能鍛鍊出鋼鐵般的意志力，但是實際上，提升意志力的自我訓練沒有那麼戲劇化，而且只要掌握了訓練方式，你不必花費一毛錢就能在日常生活中「無痛鍛鍊意志力」！

舉例來說，**對於事物的專注力越高，意志力越能持久**，尤其在全神貫注的狀態下，腦細胞的活動力會隨之增強，對於理解資訊、處理問題、記憶資訊的效率不僅有所提升，過程中自然衍生的意志力也將引導人們完成預設目標；換言之，高度專注力指的是大腦把某個想法、某種目標、某種行為模式銘記在心，並且剔除無須關注的事物，而這些行為需要強大意志力的支援。

論及專注力與意志力的相互影響，日常生活中最明顯的範例，莫過於

我們在工作與學習的時候。當你在工作與學習時，或許曾經被注意力完全無法集中或是失神、分心的問題所困擾，無論是來自外界的噪音干擾，還是腦袋內轉來轉去的許多想法，稍有風吹草動都能輕易分散你的注意力，因此別說是處理工作或記憶課文了，就連勉強自己把心思放在工作或書本上都有難度，反觀那些全心投入工作與學習的人，他們不但能隔絕外界的干擾，還能渾然忘我地完成工作目標、落實讀書計畫，那麼我們要如何增強專注力，藉以提升意志力呢？

一般常見的練習方式，就是逐步設立積極性的目標，好比初期設定用十分鐘背誦某一章節的要點，不管環境多吵雜、其他事物多有趣，敦促自己都要以專心完成目標為優先，然後再逐漸加長時間，直到自己能掌握快速集中注意力的要領，依「由少到多，由易到難」的原則來執行，不要一開始就設太難、太高的目標。

除此之外，你可以利用「書籍分類法」進行自我訓練。首先挑選幾本書籍，或者直接站在你的書櫃前，進行一次為期十天的書籍分類訓練。最好可以持續做兩個月以上，讓習慣養成。第一天你可以根據書本大小進行分類擺放，然後思考這是最好的排列方式嗎？你還可以如何改進？第二天你不妨根據書皮顏色進行分類，第三天則根據書籍內容種類分類，總之在十天之內，每一天都依照特定條件分類你的書籍，如果情況許可，你還可以每天重複練習六次，如此持續十天後休息兩天，並且觀察自己的專注力是否有所提升，與此同時，你將發現這項練習附帶的另一個好處：你的書櫃變得整齊乾淨，物品井然有序。

記住「每天」要完成的事，可以培養意志力。**先不管做這件事的意義何在，但卻堅持去做，重複去做，這樣培養出來的意志力就很厲害！**書籍分類法的訓練用意是讓自己持續練習運用專注力，以便養成集中注意力的

習慣，當習慣形成以後，不需要你費力喚醒它，它就已經開始發揮作用，如此一來，無論是面對紊亂的狀況、複雜的問題，還是需要投入長時間心力的事物，你都能保持頭腦冷靜，專心致力於「我如何有效實現目標」，避免因一時阻礙便退卻喪氣、迷失方向，而隨著持續性的思考與行動、個人意志力的發揮，即使速度緩慢，你仍能一步步朝向預定目標邁進。

當然了，意志力訓練除了專注力的強化外，其他層面的相關訓練方式也將在往後章節中有所介紹，最重要的是，不要認為提升意志力是困難的事，讓自己從日常生活中踏出鍛鍊的第一步，在持續、不中斷的努力後，你的生活將展現出有別於以往的精彩風貌。

 ## 為意志力添加熱情燃料

美國教育家康維爾（Russell H. Conwell）博士曾說：「對於成功秘訣的爭論由來已久，但是根本不存在什麼成功秘訣。不管是喧囂的街市還是美麗的田野，只要是有人的地方，成功女神的召喚都會存在，而她召喚的是人們內心中的意志力。任何聽從了女神召喚的人，都將憑藉著強大的意志力攀上人生的高峰。請謹記這樣一個事實：當意志力加入了熱情燃料，它便會引領你出發，邁向生命的巔峰。」

心理學家認為，對於人們來說，**意志力扮演著「自我引導」、「自我激勵」、「自我改變」、「自我約束」的精神角色，磨練並提升意志力能讓人心智成熟，同時促使人們發揮決策力、理解力、想像力、思考力。**意志力是內存於人們的寶貴財富，每個人都擁有它，並且深受影響，這意味著意志力掌握了人類一切行為和思想的最高指揮權。一個人如果始終跟隨著意志力的引導，並在意志力的影響下進行思考，就能夠樹立明確的人生努力目標，而在不偏離自我意志、不盲從於自我條件反射的情況下，他的

言行一定是與目標相互一致，從中爆發的力量也將幫助他克服人生困境。從此刻開始，鍛鍊自我意志力、學習駕馭意志力，用超強的持續力及自控力來管理自我不管是改善自我生活，或是實現那些你一直渴望達到的目標，或計畫，均能實現，帶你走向更美好的人生。

意志力訓練法則

不要濫用意志力！

　　如果你有方法可以爬過一座山，就沒有必要將它夷為平地！在實現目標的過程中，依據目的選擇合適的手段，再憑藉理智的思維，根據具體情況將目的和手段進行轉換。做事時，如果沒有經過深思熟慮，也沒有充足的理由，就不要急於耗費自己過多的精力，更不要毫無節制地運用意志力。無論面對什麼樣的情況，請掌控好自己的精力與意志力。

1-2
檢測你的意志力

　　有位哲人曾說：「永遠記住生活由你個人掌控。不要試圖將你該承擔的責任推卸給他人、社會和上帝。任何艱難的處境和嚴重後果，都是你之前的言語、思想和行為所導致的，整個世界都處於因果聯繫之中。世上沒有偶然，任何意外都源於你親手埋下的種子，而這些種子有好的，自然也有發霉病變的。」

　　有些人的人生經歷可能早已驗證了這段話，但也有些人恐怕要氣憤抗議：這番話根本沒有道理，難道所有的痛苦、煩惱、困難、艱辛處境都是我自找的嗎？的確，人類的天性是趨吉避凶，沒有人希望日子過得不如意，但在日常生活中，很多人常因為外在環境變化而心情起伏，並且不自覺地設想未來要走霉運，於是一方面想著自己可能會丟掉工作、跟戀人吵架、和朋友鬧翻、公司資金周轉不靈，另一方面又對預測成真暗自心驚。

　　回想一下，你是否有過類似以下的經驗？在職場上，遇到有表現機會的工作任務時，只要想到自己可能因為能力與經驗還不夠而搞砸一切，退縮地想如先放棄這次機會，以後再看看好了，但很可能之後遇到同樣狀況，你的決定都還是：「算了吧，我無法勝任這份工作。」又好比在人際社交上，雖然期望能有相知相伴的戀愛對象，可是擔心自身條件說不定會被心儀對象嫌棄，遲遲不敢採取追求行動，結果便是暗戀到對方都不知自己的存在，然後在某一天驚見對方竟然與別人陷入了愛河。

　　當我們埋怨工作不順、情場失意、人緣不好時，請先算一算自己花

了多少心力在期待倒大楣，又用了多少力氣在打擊自信心？之所以負面想法會催生厄運，帶來糟糕結果，正是因為悲觀的思考方式、消極的行為模式一旦成為習慣，就會對生活形成一種危險控制，在面對許多事情時，也越容易出現逃避、搖擺不定、自動迴避的消極行為，導致事情的走向越來越不樂觀。這種無意識的負面想法，最能打擊你的意志力，最令人苦惱的是，想要改變這樣的行為模式顯得異常艱難，薄弱的意志力總是抵擋不了慣性。

事實上，意志力的威力人人知曉，它能讓人完成目標、克服難關、改善生活，可是很多人忽略了意志力需要經過鍛鍊才能強化，而且它並非永遠那麼「強健」，也會如同我們的身體一般罹患病症，例如自卑、缺乏信心便是意志力生病的徵兆之一，如果意志力出現問題時，我們能立即做出調整，對症下藥，那麼改善自我生活、實現理想目標的道路必然會順暢許多。

從日常行為看出端倪

當人們的腦海湧現出一個念頭、一種想法，並且決心要付諸實行時，明確的目標與執行計畫通常就會相應而生，此時是否具有挑戰困難的信心、是否能夠克服過程中的艱辛，端賴於意志力的強弱程度。處於健康狀態下的意志力，可以讓人們如魚得水，充分發揮意志力的高能量，但要是意志力傷風感冒了，人們的行為表現多半會缺乏力量和持久性，一旦置之不理，放任問題加遽，很可能會嚴重影響正常生活。

想要知道你的意志力有沒有小毛病，又該用什麼方式自我療癒呢？以下的行為模式是常見的意志力病兆，看看你是否也是這樣的情況？

警訊一 . 對生活欠缺熱情

很多時候，我們對自身的工作、選擇的生活方式處於兩難，例如你喜歡有挑戰性、需要各地奔波的工作，可是又擔心會和男（女）朋友聚少離多，影響感情，他們希望你選擇一份朝九晚五、按部就班的工作。又好比父母會為你安排相親對象，就連何時買新房、婚後生幾個小孩都做好規劃，但實際上你想先衝刺事業，一點也不介意晚婚。諸如此類的取捨問題，人人各有考量，而無論是遵循自我內心意願，還是與他人或現實做出妥協，一旦欠缺了對生活的「熱情」，不僅幸福感會大為減弱，想要過上符合自我心意的日子，就不是那麼容易。

熱情（Passion）是一種強烈的情緒，當你對生活中的某些事物、理念、目標滿懷熱情時，為它付出努力的強烈意願將驅使你採取行動，過程中，意志力也會支援你堅持下去，幫助你完善自我、實踐目標。這意味著**熱情是提升意志力的一帖良藥**，而一個對生活喪失熱情的人，他對於身邊許多事容易興致缺缺、得過且過，較少產生為某個特定目標努力的動力，因此意志力無從鍛鍊也少有發揮，說好聽點這是凡事聽天由命，說難聽點就是隨波逐流、任人擺佈，不思進取。

如果平時你做事老是缺乏動力，凡事習慣被動，容易感覺生活乏味空虛，常有過一天算一天的想法，你應盡快做出改變，重新撿拾起生活熱情，避免人生渾渾噩噩，虛度光陰！

◎ Do it！你可以這樣做！

❶ 不要自我唱衰，相信「量變」可以促成「質變」！

生活欠缺目標、對未來茫然的人，多半有兩種情況，一種是甘於現狀，不願改變；另一種是自信不足，沒有追求新事物的勇氣。當你決定將生活

經營得符合自我期待時,做出好的改變是必須步驟,但心理上要拋開一種消極觀念:「這是一場聲勢浩大的改變,它需要很多時間,難度也高,我不一定會成功。」這種觀念是對自我意志力的不信任心理,它會讓人把焦點放在「自我唱衰,坐等失敗」的預期上,導致你忽視許多促成改變的小行為。

換言之,假使十二項任務能換取一個英雄勳章,你該關注的是如何完成這十二項任務,而非臆想英雄勳章到底有多難才能換到,往往思考的路徑將直接影響你的作為。在生活中、在心理上,請重視那些能幫助你完成最終目標的小行為,要相信量變可以促成質變,很多時候,累積許多小小的好,你將獲得一個大大的好!

❷ 設定簡單小目標,逐步增強對自我意志力的信心

想對生活恢復熱情,並讓內心感受到快樂與充實,試著替自己設立某些目標可以讓人產生動力與活力。一開始時,不必急於定下多個大目標,而應從簡單可行的、自己有興趣的小目標做起,你可以定下目標完成的時間,以及目標完成後的自我獎勵;例如,每天寫好行程表並且今日事今日畢、存一筆小錢後去自助旅行三天二夜、把閒置的陽台布置成小花園。通常完成許多小目標的愉悅經驗,可以增加人們對設立目標、完成目標的信心,同時逐步磨練意志力,而隨著對自我意志力的信任提高,你不僅將善於把握每一個改變自我的機會,也會對實現更高的自我期待無所畏懼。

警訊二 . 遇事遲疑不決

你是上餐廳點菜經常無法決定要吃哪一號套餐的人嗎?或者選購手機時,你會因為品牌眾多、手機功能與款式各異,加上優惠銷售方案繁多,反覆比較過後,還是難以做出最後決定嗎?在日常小事上的遲疑不定,有些人並不特別在意,即便被人批評幾句做事拖拖拉拉、效率欠佳也沒關

係，但遇到必須果斷處理事情的時候，行事猶豫恐怕要讓人吃大虧了。

　　遇事優柔寡斷、遲疑不決是生活中常見的現象，許多時候，舉棋不定、猶豫不決的情況源自於過於謹慎的心理，尤其對事情發展的結果患得患失，越容易擔心做錯決定會有不良後果，並且憂慮相關損失自己無法承擔，因此也越難果斷決策；影響所及，不僅造成做事經常目標模糊、決策反覆，意志力也容易受到自我心情與外界因素的左右而動搖，萬一有重要事情要立即決斷，或是發生突發狀況必須馬上應變，遲疑不決的行事習慣很可能會延誤解決時機，導致情況雪上加霜。

　　如果你做事經常猶豫不決、總是害怕做錯決定，解決之道就是培養果斷的魄力，這除了能強化意志力，讓你在面對事情時能清楚把握目標、實踐目標之外，也能逐步改善優柔寡斷、做事拖、懶、散的問題。

🎯 Do it！你可以這樣做！

❶ 學會凡事做最壞的準備，抱最好的希望

　　處事過於謹慎、優柔寡斷，除了性格使然外，也與過度在意事情消極面、不信任自我判斷的習慣有關。當我們太過在意事情發展的不利因素，內心的自我創造系統會提前進入「糟糕狀態模擬」，儘管這種模擬狀態只是一種情緒感受、一種想像，我們的心理與潛意識卻很容易接收暗示，放大所有想像中的問題與困難，結果是自己嚇自己。假如又不相信自我判斷力，一旦面臨需要做出選擇的時刻，就會瞻前顧後，自動製造出牽一髮動全身的決策壓力。

　　有些人可能會說，明知道有些事不一定會出差錯，卻總是忍不住擔憂萬一發生了怎麼辦？的確，那些對事情發展可能不利的問題點，不會因為忽視它們便不存在，但避免它們成為現實的最好方法，就是充分考量可

能出現的阻礙，同時關注那些對事情發展有益的機會與優勢點，一方面替自己創造成功預期，另一方面構思出可行的應對方案。換言之，避免做事過度悲觀或過度樂觀，就應客觀思考事情的利與弊，在關注不利因素的同時，也應想想有哪些優勢點能讓事情順利發展，又有哪些資源或機會可以幫助你降低損害、完成目標，往往學會凡事做最壞的準備，抱最好的希望，可以消除決策焦慮，增強對於自我決定的信心。

❷ 不要擔心你的決定出差錯，而應擔心你無法做出決定

不管你面對的問題有多複雜，或是你必須做出的決定有多艱難，都不應縱容自己逃避現實，就算在遇到突發情況或緊急情況時，即使你有很多疑慮，即使某些決定無法面面俱到，也要集中注意力、意志力，勇於做出決定，盡可能解決突如而來的難題。有一點必須謹記：過度依賴他人來幫忙做決定，不僅不會對事情產生太多積極影響，有時還可能把事情弄得更糟糕！當事情來到眼前時，靠人永遠不如靠自己，唯有積極面對、勇於做出選擇，才能吸取決策經驗，逐步養成行事果敢的習慣。

❸ 給自己及時的心理暗示

要改變遲疑不決的做事習慣，就要有及時的心理暗示！遇事提醒自己要果斷，下了決定後就不要朝令夕改，牢記你的最初目標，其次，處理事情時雖然要考慮周全，但應避免鑽牛角尖，瞻前顧後，縮首畏尾。

警訊三、做事三心二意

有些人一事無成的主因並不是因為欠缺能力、沒有主見，而是做事經常三心二意，現在決定這樣做，下一秒卻又改變心意，總是難以集中心力完成一件事。如果問他們明明決定好的事情，為何突然間又改變主意了？他們可能會說出一百種似是而非的理由，但無非都在告訴你早先的決定通

通不算數！當然有人更乾脆，直接了當地說本來想做的事已經沒興趣了、沒必要了，不如把精力用來改做另一件事情。

這種三心二意、翻來覆去的做事習慣，經常讓很多人吃不消，例如在工作職場上，不少人都遇過這樣的主管或客戶，前一秒鐘拍板定案的事情，下一秒鐘又全然推翻，即便重新來過一次後，他們卻又說其實不是這樣的，於是一件簡單的事情也能反覆折騰許久，最悲慘的是，一陣人仰馬翻後，事情還可能不了了之，白白浪費大把時間與人力資源。

做事三心二意的人，多半耐心不足、專注力不集中、缺乏持續力，就算腦子裡有一大堆的精彩想法，也容易因為做事沒有明確目標與完整計畫，導致努力的方向老是變換，而在無數次變換方位的過程中，意志力就跟過度疲勞的肌肉一樣，也會漸漸失去動能直至枯竭。如果你做事老是三分鐘熱度，經常感覺自己瞎忙卻又一事無成，改變自我的第一步就是學會設定明確目標與執行計畫，千萬不要像整天在枝頭上飛來飛去的小鳥，因為無法選定真正的落腳地點，最終只能疲累地摔落地面；與此同時，也要努力讓自己養成貫徹目標的習慣，往往隨著耐心與意志力的增強，就能大幅減少做事毫無章法、三分鐘熱度、半途而廢的情況發生。

🎯 Do it！你可以這樣做！

❶ 開始前謹慎決定，決定後要求自己堅持到底

無論事情大小，行動之前都應深思熟慮、謹慎決定，而決定好目標後，投入百分之百的熱情和精力去努力，直至實現目標，就算一時遭遇到困難與阻礙，也應要求自己堅持下去，不要逃避問題或是輕言放棄；換言之，做事三心二意的人，應該學會的是堅持不懈做好一件事，而不是輕率放棄一件事。

❷ 不急於求成，保持耐心，培養專心致志的做事態度

　　沒有什麼事能一蹴可及，有些事從目標的設定到實現甚至要一段不短的時間，過程中不乏有失去耐心、產生厭倦感的情況，而這也使得抵抗消極心態消磨意志力成為重要課題。當我們設定目標並努力實現它的同時，絕對要能「耐煩」，不應急於求成，假若出現了厭倦感或煩躁感，首先應提醒自己負面感受經常是短暫性的，不要因為一時情緒便敷衍了事，或者草率放棄計畫；其次，產生放棄念頭、感覺不耐煩時，就要告誡自己別一直停留在「煩亂」的情緒裡打轉，而應專注於目標，回想自己的做事動機，加深對實現目標的渴望，一來這能讓意志力獲得強化，發揮積極作用，二來也能鍛鍊耐性，漸漸養成專心致志的做事態度。

警訊四、處理事情容易剛愎自用

　　普遍來說，大家都認為意志力強悍有好無壞，不過持平而論，意志力強悍的人如果欠缺「自我節制」的認知，不僅給人剛愎自用的印象，也可能帶來重大挫敗與人際關係的緊張。例如在日常生活中，我們不難發現有些人只要對某件事情有了定見，就會固執認為自己的想法一定是對的，對於他人的建言或反面意見毫不在意，並且無視事情其他的解讀面向，要是你試圖強力證明他們是錯的，多半只促使他們更加堅定擁護自己的想法，最令人困擾的是，無論是商量公事或私事，他們的字典裡很少出現妥協二個字，因此經常給人無法溝通、驕傲自大、難以共事的觀感。

　　倘若有人曾經抱怨你過於固執、缺少同理心，那可要小心注意，別讓自己成為剛愎自用之人！剛愎自用的人容易固執己見、自以為是、武斷專橫，既聽不進他人的意見，又愛以自己的想法為中心，哪怕某些事情對自己與對他人可能沒有益處，或是自我內心隱約有所疑慮，礙於面子與自我優越感，他們仍然會選擇一意孤行，這時意志力的作用雖然強大，卻因自

我蒙蔽而遭到濫用，反倒對自己不利。

🎯 Do it！你可以這樣做！

❶ 看待事情要畫對重點，學會不低估他人的智慧

每個人都有判斷失誤、犯下錯誤的時候，剛愎自用之人要體認到自己並非永遠高瞻遠矚，別人也不全是無知的蠢蛋，在發現自己的想法偏頗、被人指出做法有瑕疵時，不必急著反駁對方來證明自己是唯一的正確，而應思考事情是否真有更好的處理方式，因為往往事件成果才是最強而有力的證明。

事實上，我們對事情的關注焦點經常左右著事件未來的發展方向，當你的重點放在「我如何表現出我的睿智與高人一等」上，通常你很難認同他人的意見，並且容易陷入單打獨鬥的處境，可是重點一旦放在「我如何讓事情獲取好的成果與益處」上，你反而能享受到許多人幫你想辦法的好處，正所謂集思廣益，何樂而不為？遇事釐清自己的目的，試著換位思考，才能有助於事情往好的方向發展。

❷ 學會彈性應變，聰明分析事情利弊

遇事要試著縮小自己，克服爭強取勝、自以為是的習慣，並且培養寬廣的心胸，善於聽取他人的意見，聰明分析相反的意見和理由，最重要的是，適當地培養彈性妥協的習慣，以理服人。此外，不必過度執著於一開始的想法，而應隨著外界環境與事情的變化做出適度調整，如此才能隨機應變，審時度勢，做出恰當的決定。

警訊五、言行舉止容易因為外界刺激而失控

在日常生活中，如果一個人常常因為外界刺激而言行失控，這就說明了他的自我控制能力薄弱，連帶地，他的意志力不僅脆弱，還不受自己掌

控。正如我們一再強調的，自制力與意志力相輔相成，舉例來說，談判者如果有高度的自制力，在談判過程中，實現談判目標的意志力將不會因為對方的反應而動搖，尤其遇到對方刻意挑釁、冷嘲熱諷時，他也能克制拍桌怒罵的衝動，自我提醒確實執行談判計畫，避免產生無謂的溝通阻礙。這意味著當我們擁有足夠的自制力時，無論外在環境多麼吵雜、情緒波動如何劇烈，我們都能保有理性，並且清醒地運用意志力抵抗干擾，專注於目標，特別是面對衝突狀況時，意志力與自制力能夠使我們掌控住自己，不因一時狂怒而失去理智，做出令人後悔的行為。

回想一下，你會經常因為事情不順心就暴跳如雷嗎？遭遇挫折打擊時，你總是容易感到絕望嗎？當壓力來臨、誘惑出現或者外部環境發生變動時，你老是被焦急、憤怒、煩躁、嫉妒、哀傷等各類情緒所左右，進而做出許多言行失控的事情來嗎？請牢記失控行為恰恰是意志力脆弱的表現，唯有強化自我的控制能力，減少意志力被削弱的機率，才能掌握自己的生活、自己的人生。

🎯 Do it！你可以這樣做！

❶ 跳脫本位主義，以換位思考消弭情感衝動

遇事保持鎮定與理性，可說是「處變不驚」的不二法門。當外在環境變動、與人發生摩擦衝突時，自控能力可以抑制住魯莽行為，而跳脫本位主義去思考事情，一來能快速擺脫情緒干擾，二來能整理思路，掌握狀況，並讓關注焦點放在處理問題、實現目標的解決之道上。換言之，處理事情時學會利用換位思考，有助於我們了解事情變故的成因、他人的處境難題，對於外在人事物所帶來的刺激與情緒也能有不同解讀，在此過程中，不僅負面情緒會逐漸退散，也避免了讓問題複雜化，讓事情更容易解決。

❷ 練習冷卻情緒的技巧，抑制失控行為

面對緊急狀況、衝突場面時，倉皇失措、怒氣沸騰是常見的情緒反應，但盡情發洩情緒的結果，通常會促使我們做出失控行為，導致情況惡化，甚至發生暴力相向事件。為了減少情緒失控所帶來的惡果，學會增強自控能力、緩和自我情緒十分重要；一般說來，情緒失控時腦內充滿了電化學反應，在十秒鐘之內，你有機會妥善處理身心反應，同時管理自己的腎上腺素，例如調整呼吸節奏、從一數到十，或是轉移視線並默唸數次「我能掌控狀況」，都能有效跳開強烈的情緒漩渦。再者，離開衝突現場、暫時中止交談，以及給予自己恢復理智、整理思緒的時間，同樣能避免衝動誤事。此外，回想過去衝動誤事的經驗教訓，也能大幅減少恣意發洩情緒的不良行為。

關於冷卻情緒、讓發熱頭腦降溫的技巧需要經常練習，而隨著經驗的累積，當情緒波動時，你能更快覺察到自身反應，並且採取有效行動管理情緒壓力與自我行為，那麼即使事情發展偏離了方向，你也能頭腦清醒地將它導回正軌。

 擁有堅強意志力的要訣：理解它、相信它、鍛鍊它、掌控它！

英國知名傳記家詹森（Samuel Johnson）曾說：「一個人如果過度依賴情緒或感覺，就有可能被它們統治，受制於它們，直到他失去理性，失掉精神的自由。」富於理性的人都會避免陷入情緒和感覺等主觀意識，並且努力為發揮意志力找出充足的理由與動機。多數情況下，意志力要真正發揮作用，首先必須正確理解意志力，形成對意志力的信心，而後鍛鍊自控能力，抵制各種誘惑，才能確實掌控自我的意志。

日常生活中，有時為了一個新決策、一個更加卓有成效的目標，我們必須運用意志力與自制力，強迫自己停止某些行為，或是要求自己採取某些行動，以便徹底實踐目標，這好比一台發動機，如果不對它的「ON/OFF」開關進行控制，它可能持續運轉而燒毀整部機器，也可能尚未提供足夠動能便宣告停擺。事實上，這也意味著受自我控制的意志力才能真正為己所用，了解你的意志力，發現自我問題，透過某些訓練的準則和技巧加以改善，才能讓意志力發揮它相應的作用，當然最重要的關鍵是：請堅信意志力的無窮力量！

意志力訓練法則

為你的意志力控場！

請務必謹記，意志力一定要與「法官」和「律師」合作！你必須充當「法官」的角色，當欲望、衝動、負面情緒、外在事物想要搶奪你手中的議事槌，迫使意志力失去作用的時刻，你應迅速發揮法官的作用，維持秩序，同時讓「律師」拋開先入為主的觀念和對立情緒，只針對當下情況做出客觀的分析與陳述，而後拿好你的議事槌，做出正確而理智的決定。

心理測試 **意志力品質自測**

請依自己的實際情況如實回答以下問題：

➤ 很符合自己的情況，請答 A

➤ 比較符合自己的情況，請答 B

➤ 介於符合與不符合之間，請答 C

➤ 不太符合自己的情況，請答 D

➤ 非常不符自己的情況，請答 E。

1. 我很喜愛長跑、爬山等體育運動，但並不是因為我的身體條件適合這些活動，而是因為這些運動能夠鍛鍊我的體力和毅力。

2. 我給自己訂的計畫，常常因為主觀原因不能如期完成。

3. 如沒有特殊原因，我每天都按時起床，從不睡懶覺。

4. 我的作息沒有什麼規律性，經常隨自己的情緒和興致而變化。

5. 我信奉「凡事不做則已，做則必成」的格言，並身體力行。

6. 我認為做事情不必太認真，做得成就做，做不成便罷。

7. 我做一件事情的積極性，主要取決於這件事的重要性，即該不該做；而不在於對這件事情的興趣，即想不想做。

8. 有時我躺在床上，下決心第二天要做一件重要事情，但到第二天

這種勁頭就消失了。

9. 在學習和玩樂發生撞期的時候，即使那樣玩樂活動很有吸引力，我還是會選擇去學習。

10. 我常因讀一本引人入勝的小說或看一齣精彩的電視節目，而沒有按時間睡覺。

11. 我下決心去做的事情（如慢跑），不論遇到什麼困難（如腰酸腿疼），都能堅持下去。

12. 我在學習中遇到了困難，首先想到的就是問問別人有什麼辦法。

13. 我能長時間做一件重要而枯燥無味的工作。

14. 我的興趣多變，做事情常常是「坐這山望著那山高」。

15. 我決定做一件事時，常常說做就做，決不拖延或讓它落空。

16. 我辦事喜歡先做容易的，難的能拖則拖，實在不能拖時，就趕時間做完算數，所以別人都不放心交給我難度大的工作。

17. 對於別人的意見，我從不盲從，總喜歡分析、鑒別一下。

18. 凡是比我能幹的人，我不太去懷疑他們的看法。

19. 遇事我喜歡自己拿主意，當然也不排斥聽取別人的建議。

20. 生活中遇到複雜情況時，我常常舉棋不定，拿不定主意。

21. 我不怕做我從來沒有做過的事情，也不怕一個人獨立負責重要的工作，我認為這是對自己很好的鍛鍊。

22. 我生來膽怯，沒有十二分把握的事情，我從來不敢去做。

23. 我和同事、朋友、家人相處，很有克制能力，從不無緣無故發脾氣。

24. 在和別人爭吵時，我有時雖明知自己不對，卻忍不住要說一些過分的話，甚至罵對方幾句。

25. 我希望做一個堅強的、有毅力的人，因為我深信「有志者事竟成」。

26. 我相信機遇，很多事實證明，機遇的作用有時大大超過個人的努力。

分數計算

在上述 26 道試題中，凡逢單數的試題 A、B、C、D、E 依次為 5、4、3、2、1 分。雙數的試題 A、B、C、D、E 依次為 1、2、3、4、5 分。各題得分相加，統計總分。

結果分析：

110 分以上，說明你意志很堅強；

91 ～ 110 分，說明你意志較堅強；

71 ～ 90 分，說明你意志只是一般；

51 ～ 70 分，說明你意志比較薄弱；

50 分以下，說明你意志很薄弱。

1–3
積極心態，打好提升意志力的基礎

　　你認為意志力能不能被人們自行掌控？意志力是否又真能取之不盡，用之不竭？假使意志力枯竭了，吃吃喝喝一頓是否就能恢復元氣？對此，美國史丹佛大學（Stanford University）的心理學家們曾進行一項研究，他們將實驗對象分成兩組，一組被告知「意志力是有極限的」，一組被告知「意志力是可以掌控的」，研究結果發現，當你認為人的意志力有極限時，一旦感覺疲累或遇到難題，多半會以吃點心、放空神遊、短暫休息的下午茶方式回補意志力，但是當你認為自己能控制意志力時，不僅會激發潛能，面對挑戰與難題也將更勇於克服，於是悠閒放鬆的下午茶時段自然就可有可無了。

　　依據這項心理研究的數據顯示，認為意志力能自行掌控的人，他們的工作計畫完成度超越另一組35%，就連垃圾食品也比另一組少吃了24%；這突顯出兩件事：一是相信意志力可以掌控的人能有較為優秀的表現，二是保持意志力豐沛的方式並非來自休息或進食，而是積極進取的心態。換言之，個人的心態、對於意志力的信念，決定了行事能力、堅持程度與事情成果，假使你正打算控制飲食減重、戒除某些不良習慣，或是實踐某個長遠目標，建立積極心態，相信意志力能被自己掌控，絕對有助於成功。

　　在意志力訓練中，積極心態可說是提升意志力的基礎！**積極良好的心態能帶動意志力的強化，消極負面的心態則壓抑意志力的發揮**；這意味著

展開意志力訓練之前，我們必須建立積極心態，如此才有可能讓意志力保持充沛，持續朝向更高層次發展。

意志力訓練的好途徑：樹立良好心態

有句話說：「性格決定命運，心態決定一切。」曾經有一位證券業務員求助於資深的投資顧問，他的問題是只要面對不好親近的潛在客戶，總是避免不了內心不安、說話不夠流利的窘境，導致原本有機會接下單子的場面，一下子冷場不說，客戶還可能感覺在浪費時間。

投資顧問感到疑惑，詢問怎麼樣的客戶算是不好親近？業務員說比如事業有成但長相嚴肅的人，他覺得這類人可能脾氣不好、手段強硬，要是自己說錯話，對方可能就大發雷霆，還有說話尖酸刻薄、愛挑毛病的人，彷彿不管自己說什麼，對方下一秒就會嚴厲批評。

投資顧問思考後給出答案，他說：「問題不在客戶長得怎麼樣，或是說話方式多惹人厭，主要是你面對他們的心態，這決定了你的應對方式。你是證券業務員，負責提供客戶好的建議，他們賺了錢，你增加了工作業績跟獎金，基本上是互惠雙贏的交易。你應該相信自己有替他們賺錢的能力，而不是擔心無法應付他們扔出來的問題。」經過開導後，業務員回去深思檢討，開始加強專業能力，並且試著調整心態，漸漸地，面對特定客戶時，他越來越能克服緊張情緒，甚至從中學習到掌控局面的技巧，隨之而來的，除了日益增強的專業自信外，也包括了亮眼的工作成績單。

許多時候，不良心態不僅無益於身心健康，也容易影響到日常生活，而良好心態則能幫助我們運用意志力有效完成工作、實現個人目標、妥善經營生活，正如上述故事中的業務員，只是轉換一下心態面對工作，先前

苦惱的問題便迎刃而解，可見克服不良心態的影響，樹立良好心態並使其發揮作用，不僅能讓意志力持續增強，成為生活中永不消退的力量，在意志力的引導下，我們的人生目標也得以實現。

由於個人心態能夠影響和制約意志力，因此在意志力訓練中，我們必須秉持良好心態，讓自己的行為能有效受到正向激勵，而以下提供的四種良好心態你可以作為意志力訓練的入門基石，隨著日後自我訓練步上軌道，你也能再替自己樹立增強意志力的相關好心態！

善用四種好心態培養意志力！

一、保持好奇心，多方培養興趣

有人天生熱愛唱歌，有人天生喜歡塗鴉，我們不難發現，那些與生俱來的興趣總是讓人樂在其中，意志力與熱情也永不消退，而某些有益於人生的興趣則需要經過後天培養。事實上，後天培養某些興趣經常意味著「潛能開發」，往往在培養興趣的過程中，意志力會一點一滴地支撐逐漸養成的興趣，最終讓它成為生活習慣、個人技能，而當你對周遭世界保持好奇心，很自然會對許多事物產生關注，進而樂於探索、勤於求知，無形中也就養成了多元興趣，連帶地，個人的眼界與人生寬度因此獲得拓展，同時也能擁有創造性的生活，正如有許多人是從個人興趣中發展出自我長才，甚至是替自我人生另闢蹊徑。

對於培養興趣有這樣一條原則：如果你對某些事物提不起興趣，只要把它們與令你著迷的事物緊密結合起來，那麼再不吸引你的事物也能變得極為有趣，而且富有意義。舉例來說，你是位學生，對於歷史科目不感興趣，總覺得讀起來很痛苦，而未來你打算就讀服裝設計科系，那麼提高歷

史成績順利考取學校的方式，可以由朝代服飾演進的歷史角度切入，如此一來，相關的時空環境、生活條件、文化背景、重大事件會吸引你去探索，讓你感覺啃書不再那麼無趣，而從中汲取的知識也有益於你未來的職場規劃。又好比世界麵包冠軍吳寶春小時候不愛讀書，認得的字彙有限，數學也不好，當學徒時他連換算麵粉、砂糖的斤兩都有問題，直到他意識到做麵包也要懂數學、也要多讀書，這才開始拿起書本，奮發學習，後來更為了看懂日文麵包書，還積極學習日語；日積月累下，他不僅養成了閱讀習慣，多方學習所汲取的創意也應用於麵包製作上，成為實至名歸的麵包藝術家。

　　假如你能在生活當中，不斷發掘那些能與個人目標緊密結合的事物，並且賦予它們學習價值，逐漸培養起興趣，你將發現以前忽略的、不感興趣的事物，其實都能為人生帶來正向改變，而在行為與心理的交互激勵之下，意志力不僅會日益強大，也將引領你早日實現各種生活目標。

二、掌握生活的快慢節奏，每天為自己保留沉澱的時間

　　在你全心投入一件事、一個目標時，大腦思維通常處於一種穩定、活躍、充實的狀態，心理上也會感覺能量充沛，富有創造性，此時，意志力可能表現得迅猛剛烈，支援你完成有時間限制的事務，並且確保高效率與高品質，另一方面，意志力也可能表現得沉著鎮靜，幫助你逐步實踐長期目標，掃除外界干擾。然而，意志力能發揮作用的前提是，你的內心必須有一股安定的專注力，讓身心可以擺脫躁動緊張、甩開繁亂念頭，達到頭腦清醒、思緒清晰的境界。

　　這聽來或許使人聯想到靜坐、禪定、冥想之類的練功心法，難道鍛鍊意志力還得像古代修行者一樣在大樹下打坐？其實當我們強調做事要專心、持之以恆，期盼意志力成為自我驅動的力量時，不能忽略了專注力越

高，意志力越能持久，這也是意志力訓練為何著重在強化專注力的原因。換言之，專注力先是讓你進入心無雜念、阻隔干擾的寧靜狀態，而後看清局勢，把精力放於主要目標上，緊接著，意志力成為自我驅動的動力，讓人直往目標前進。

由於現代生活步調快速，每天迎面襲來的龐大訊息都能產生干擾，加上凡事講求效率的要求，我們做事容易急躁，直接跳開了專注寧靜的階段，結果導致濫用意志力，大量精力無端消耗。從根本上來說，該慢時安定謀思，該快時精準迅速，不僅不會拖累效率，反而能提升效率，因此日子再繁忙，我們每天都應保留一段自我沉澱的時間，讓自己練習快速進入專注寧靜的狀態，這樣做的好處是，一來能加強對專注力與意志力的掌控程度，提高生活事務的處理效能，二來能讓各類意志力訓練更有效率、更愉快地進行，與此同時，還能減輕生活壓力，取得身心平衡，好處多多！

三、依自我需求設立目標，實現幸福人生

生活是流動的狀態，它從來不會停止，然而，每個人都有「甘於現狀」的惰性，只要沒有內心的刺激、沒有對新目標的追求，很容易就會滿足於當下擁有的成績，只是當我們停滯不前時，別人可能仍在前進，因此才會有句話說：「不前進就是後退。」事實上，持續為自己設立新目標，不僅能激發意志力表現出更多的力量和智慧，也能帶動生活往更好的方向發展，進而擁有屬於自己的幸福人生。

關於目標的設立，不免要探討個人的動機與內心需求，而依據人本主義心理學家馬斯洛（Abraham Maslow）的需求理論來說，人們的需求分成了五個層次：生理需求、安全需求、社交需求、尊重需求、自我實現需求，它們依次形成階梯狀分佈，其中第一階梯生理需求是人類最根本、最直接的需求，但是給予內心的滿足感小，而最高階梯自我實現需求不僅是

最高層次的需求，也能使我們獲得最為深刻的幸福體驗，意即精神層面維持舒適歡喜，日常生活充實而愉快。這意味著我們對生活目標的設立，通常不脫離這五種需求的範疇，而在不同時期對幸福人生會有不同定位，內心產生的需求與追求的目標也有所不同。

舉例來說，剛步入職場時，擁有一份收入豐厚的工作可以帶給你滿足感，隨著時間的推移，升官加薪當主管成為下一波努力的目標，當經濟生活穩定了，社經地位有了，追求家庭的溫暖、感情生活的甜蜜、貢獻自我能力幫助他人，很可能就會為你帶來極大的幸福感。

無論你現在處於何種人生階段，各種生活目標的實現離不開意志力的作用，意志力也離不開生活事務的砥礪與淬煉，持續設立目標，滿足內心需求，最終追求的是幸福人生的實現，值得注意的是，我們不應讓自己所設定的目標一直停滯在某個層次，好比你設定的目標停滯在「累積很多財富」的層次上，很有可能造成你很有錢卻未必快樂的局面；此外，設定過低或過高的目標都不可取，目標過低減少了自我成長的機會，目標過高則可能因為不切實際、力有不逮，進而消磨意志力，打擊信心。

四、正確認知自我，持續完善自我

每個人的意志力狀態可以分為先天與後天，與生俱來的意志力隨著你的性格、心智成熟度、生長背景，粗略能分為強、中、弱三等，而經由後天的鍛鍊與訓練，不僅意志力可以改造提升，對於自己的性格優缺點、能力強弱也能坦然面對，並且透過行動不斷完善自我，發揮優勢之處，然而，如果你總是把目光聚焦在自己的不足上，或者不斷提醒自己做過多少錯事，就會經常性地自我打擊，結果不光對自己的意志力缺乏信心，還會覺得自己一無是處。

心理學博士班夏哈（Tal Ben-Shahar）認為，一個人對自我的認知經

常左右著他的心理狀態，如果對自我的認知是客觀的、積極的，就會具有自信，並且也讓他人更加信任，假使對自我認知是偏差的、消極的，無論對自信還是他人的信任都會造成消極影響。在日常生活中，有些人的自我認知傾向負面，有些人則完全依靠外界評價來認知自己，但往往你並不如自己評價得那樣「廢柴」，他人口頭上對你的稱讚或佩服也未必全然真心，唯有正確而客觀地認識自己，才能揚其長，改其短，支持自己去獲取成功與幸福，而建立正確而積極的自我認知，就要注意兩點：以積極、客觀的論據基礎對事實下結論，與此同時，結論要具有合理性，並且有利於個人的未來發展。

舉例來說，如果你求職失敗或是考試失敗，而產生了「我很蠢、我沒能力，我表現得比別人差那麼多，不太可能超越他們」的認知，即使時間非常短也會產生一定的消極影響，若是你總揪著這一點不放，一次次強化這種負面認知，那麼在日後的求職或考試過程中，就算面試準備充分、掌握多數考試要點，也會因為心理壓力太大難以發揮應有水準，從而真的表現得比他人要差。事實上，從另一個角度解讀事件，狀況可能大為改觀，好比「失敗再所難免，它的存在是為了給我學習改進的機會，這不代表我確實比其他人差，只要檢討失敗原因，奮起努力，就很有可能取得好表現。」一旦建立起「有缺失要自我完善」的認知，就能在積極心理的基礎上驅動意志力，採取相應的改善行動，往往這便是激發我們善用自身優勢、追求自我成長的美好開始。

⏱ 積極的小念頭也能累積出 820 億噸麥子的威力

有位高傲的古印度國王自詡碰到任何難題都不擔心，因為他富有到能花錢請人幫忙解決問題，某次，一位智者解決完一道難題後，國王按照慣

例說：「你想要什麼獎賞呢？儘管開口！」智者回答道：「尊敬的國王，我只想要一些小麥。你只需要按規則，把麥子放滿到象棋的棋盤內就可以了。第一格放一粒，第二格放兩粒，第三格放四粒……每一格放的麥子數量，都是前一格的兩倍。」語畢，智者拿出了一個六十四格的國際象棋棋盤。國王認為麥子又不值錢，看了看棋盤後就毫不猶豫地答應了，然而，隨著不斷把麥子放入棋盤，國王漸漸意識到不妙了，因為即使他擁有全古印度的麥子，也無法按照智者規定的規則放滿棋盤，如果要擺滿棋盤，大約需要 820 億噸的麥子，而按照現今全球麥子產量計算，恐怕需要種上五百五十年的麥子才夠。

如果此刻你對現狀不滿、渴望改變生活、追求自我成長，不妨每天想一個充滿正能量的念頭，只要將這些積極小念頭一點一滴地累積起來，它們凝聚後展現的力量將為你帶來驚喜，就像上述故事中所描繪的麥子擺放規則，生活中的積極小念頭即便如同不起眼的麥子一樣，甚至你第一天開始想一個小念頭時完全察覺不到影響，頂多心理上多了些愉悅感，可是隨著一天、二天、三天的累積，你的潛意識會把這些小念頭化成積極主動的心理，從而讓你進入良性循環，用飽滿的意志力做出正向改變，同時幸福指數也將開始成倍成長！

 心理測試 # 你的心態是否積極

請根據以下的題目回答「是」或「否」。

1. 一旦你下了決心，即使沒有人贊同，你仍然會堅持做到底嗎？

2. 如果店員的服務態度不好，你會向他們的主管客訴嗎？

3. 你不常欣賞自己的照片嗎？

4. 別人批評你，你會覺得難過嗎？

5. 你很少對人說出你真正的意見嗎？

6. 對別人的讚美，你持懷疑的態度嗎？

7. 你總是覺得自己比別人差嗎？

8. 你對自己的外表滿意嗎？

9. 你認為自己的能力比別人強嗎？

10. 你是個受歡迎的人嗎？

11. 你有幽默感嗎？

12. 危急時，你很冷靜嗎？

13. 你與別人合作愉快嗎？

14. 你經常希望自己長得像某人嗎？

15. 你經常羨慕別人的成就嗎？

16. 你勉強自己做許多不願意做的事嗎？

17. 你認為你的優點比缺點多嗎？

18. 你經常聽取別人的意見嗎？

19. 你的個性很強嗎？

20. 你希望自己具備更多的才能和天賦嗎？

得分說明：「是」得 1 分，「否」不得分。

結果分析：

分數為 13 ～ 20 分：

你具有積極的心態，明白自己的優點，同時也清楚自己的缺點，對自己相當有自信，想法和態度都很正面。但如果你的得分接近 20 分，別人可能會認為你太過自信、有些狂傲，你要適時謙虛點。

分數為 6 ～ 12 分：

你的心態比較積極，但是你仍或多或少缺乏安全感，對自己產生懷疑。你要常激勵自己，在優點和特長各方面你並不比別人差，要有信心。

分數為 6 分以下：

你的心態很消極。過於謙虛和自我壓抑，因此經常受人罷佈。儘量不要去想自己的弱點，要先學會看重自己，別人才會真正看重你。

1-4
意志力能自行掌控嗎？訓練入門指南告訴你！

關於意志力的來源、原理、運行方式和局限性，各種領域內都有不同看法，但多數人普遍堅信一點：意志力是人們精神世界中重要的組成部分，它可以為人們開啟潛能的大門，同時提升個人的心智與處世智慧，這也意味我們是意志力的直接操控者，唯有正確使用它才能發揮威力。

我們可以把意志力當成是一顆充電式的永備電池，它並不具有感知能力，所以不會喜歡或厭惡你的某個選擇，也不會判定你設定的目標是否有實現的意義與價值，當你對它下達某個命令，也就是注入精神電量後，它從儲備槽內開始對外釋放電流，引導你的身體各部分配合執行指令，而命令執行的成敗取決於你注入的精神電量強度，意即你的動機、決心、自制力有多強。

好比為了早上能準時上課上班，你決定要改掉賴床的毛病，意志力不會對此做出評價，它只忙著接收「我不要賴床」的命令，然後站上工作崗位指揮，但第一天你聽到鬧鐘響，可能馬上按掉倒頭繼續睡，任務宣告失敗，但這不能責怪意志力辦事不力，因為你倒頭大睡的意願比立刻起床要更為強烈。如果你對賴床行為感到不開心，希望自己隔天能在鬧鐘一響就起床，並且投入比第一天更強力、更堅定的精神電量，隔天意志力會依然站上崗位，嘗試成功執行這項命令，直到有一天你不必特別下指令給意志力，自己就能在鬧鐘響起時立即起床，因為你的身體各部分經過意志力的長期引導與指揮，已經進入到主動配合、和諧運作的狀態，也就是養成了

早起習慣。

　　事實上，意志力對身心的支配常常體現在一切行動之中，並且形成一股自我引導的力量，許多個人習慣雖然是自覺行為，卻也是意志力長期實踐的結果。作為意志力的操控者，我們的喜好性格、心智狀態、各類價值觀在很大程度上決定了意志力的運行，與此同時，意志力也以無聲滲透的方式對身心做出指引，這意味著有些人能運用意志力達到自我成長、改善生活的目標，有些人則用鋼鐵般的意志力做出邪惡之事，當然我們也可能因一時軟弱、情緒不穩定、外界誘惑、惰性、良知與道德面臨掙扎，或是放縱自己沉溺於明知不妥的念頭，使得意志力面臨失控，或者乾脆癱瘓到不起作用，因此**意志力的整體訓練不僅涉及了專注力、自制力、耐心的提升，也包括了思考力、想像力、影響力、說服力、情緒控管乃至於道德感等面向。**

　　更進一步來說，無論你對成功人生、幸福生活的定義為何，意志力訓練最主要的目的，除了幫助我們取得生活上的成功美滿之外，也讓我們有機會成為更好的人。如果你想提升自己的意志力卻不知從何著手，那麼詳細介紹意志力的訓練方式之前，我們先將本書中涉及到的各種意志力訓練區分為四大面向，以便協助你在進行自我訓練時把握努力方向，甚至舉一反三，按照個人需求擬定系統性、邏輯性的訓練計畫。

意志力訓練的四大鍛鍊主題

一、身心覺知力量的訓練，均衡提高內在能量！

　　提及身心覺知力量訓練，我們可以用一個非常生活化的例子做說明。假設，你每天開車騎車上下班，路途中，綠燈行、紅燈暫停、行經巷道路

口略為減速，抵達定點周邊，開始找尋停車位、停車，過程行雲流水，沒有任何阻礙，但其實從開車上路到熄火停車的這段時間內，你的大腦、視覺、聽覺、肢體控制、平衡感、反射神經都保持著專注靈敏狀態，並且彼此相互配合，而**身心覺知力量訓練就是針對感官系統與神經自控系統的鍛鍊，其包含了視覺、嗅覺、聽覺、觸覺以及身體自控的練習。**

處理日常事務時，我們無時無刻不在運用感官力量，比如眼睛的視覺、耳朵的聽覺、口腔的味覺、鼻子的嗅覺、手部的觸覺，而這些生理的感官力量又與心理的精神力量相互作用、相互影響，因此意志力訓練之所以設計了感官系統的訓練，一來是我們經常能自主練習，就算在吃吃喝喝玩樂中也能辦到，二來是當你專心地打開感覺器官時，感覺器官的感知力通常會更加敏銳，同時提高注意力與意志力，持之以恆下，你的意志力將有效被強化。

舉例來說，你在辦公室接聽到客戶的電話，瞬間注意力集中在與對方的對話上，假如周邊環境正好很吵雜，你產生了要更加注意聆聽的強烈意識，此時意志力作用於聽覺上，促使你全神貫注去聆聽客戶說話，這時就算只是透過話筒，你也能辨認出客戶的口氣與真正情緒，同時捕捉到客戶說話內容中的重點、做出及時回應，至於身邊的噪音已經不產生干擾影響。

換言之，當你運用意志力引導身心進行聽覺訓練時，聽覺系統對於外界訊息會保持敏銳警覺，精神系統如專注力、理解力、思考力、辨析能力等部分也隨之提高，一旦對自身聽覺系統形成調控機制後，就算置身吵雜環境，你也能對特別關注的聲音保持敏銳度，或者主動隔絕噪音，不受干擾地專注做事，而生活中遇到類似需要保持專注、排除干擾的狀況時，你的意志力與身心就能依據經驗模式，不費吹灰之力地做出反應。

此外，無論訓練了哪一種感覺器官，我們的其餘多種感覺器官都能同時獲得鍛鍊，往往隨著聽覺的靈敏，視覺可能變得敏銳，身體相關機制也同步提升，例如獵人的身心能很協調地受到自主控制，並且表現出很強的體能，他聽到樹林中的聲音動靜後，眼睛能快速捕捉到獵物的身影，手腳的捕獵反應敏捷，憑藉的就是長期而循序漸進的鍛鍊過程，這也意味著進行各種意志力訓練時，唯有保持耐心、持續練習才能獲得成效。

二、人際溝通能力的訓練，人際關係就是意志力的較量！

任何人都不能離開與他人的交往，尤其身處現今社會，社交魅力攸關著個人的成就表現與日常生活，但為什麼有的人能在人際關係中如魚得水，有的人卻舉步維艱呢？

其實人際關係中表現出來的能力大小，本質在於意志力的強弱，這也就是說，人與人的交往就是意志力的較量，不是你施加影響於他人，就是他人施加影響於你，而往往那些意志堅強、善於溝通、具有領袖特質的人，無論是推動工作方案還是解決日常問題，總是比較能獲取他人的信服，而且多半可以得到來自外界的助力。

一個廣受歡迎的社交達人未必擁有美貌、財富、雄厚家世，但一定具備「影響力」，而個人影響力的真正發揮，除了離不開堅定的意志力之外，也囊括了自制力、情緒控制能力、說服力、影響力、良好樂觀的心態等諸多因素，因此在意志力訓練中也包含了諸多相關練習。

舉例來說，不管是上台演說、與人協商工作問題、參與各類談判，意志力與說服力總是交互影響，一個意志力堅定的人發揮說服能力時，除了態度上能使人信任外，個人想法也能明確傳遞出去，並且達到相互交流、解決問題的目的，但有些人一坐上會談桌，很可能面對身邊環境的騷動、對方忽然拋出一個難題，或是受不了對方的激怒挑釁，頓時就陷入慌亂或

憤怒之中，導致被人牽著鼻子走。究其原因，可能在於缺乏「我能說服對方、我能影響對方」的信心，而對於說服能力的信心低落，又常導致意志力無法堅定支撐全場，因此解決之道就是練習組織語言、發言陳述、架構自我想法，以及學會控場藝術，管理自我情緒、消除不安緊張感，往往藉由強化說服力的練習，就能提升個人意志力，進而漸漸發揮出個人在說話方面的影響力。

三、職場思維訓練，讓意志力為你拼出好前程！

步步高升是每個職場中人的願景，也是我們對自己與親友的美好祝願，然而，這是一個重視結果遠甚於重視過程的時代，沒有功勞也苦勞的說法已經被扔棄在角落，因為每個人都在為自己的前途打拚，就算上司因為你的刻苦努力而欣賞你，但是長期的工作表現不佳，你的努力很容易變成一場空。尤其是在以績效作為目標管理的企業裡，有幾種特質的員工最不受歡迎，例如情緒控管有問題、常常無法依時間完成工作、對工作目標敷衍了事、工作能力不足卻又不思進取、思考僵化缺乏彈性，如果你做事無法專注、工作遇到問題就不知怎麼辦、處理工作老是抓不到重點，或是缺乏高效的應變能力，追求自我提升與更新思維模式將是重要環節。

在意志力訓練之中，思維訓練的用意不僅在於提升意志力、激發潛能，也在養成以聰明有效率的方式處理工作，而相關訓練方式可說是圍繞著意志力改進，其內容包含以下四點：

1. 增強洞察力。洞察力能夠使你的觀察力更加敏銳，因此做事時能看清局勢，對於工作目的、處理方式、工作計畫也能確實掌握，同時對完成工作目標的決心和意願會更加堅定。

2. 改善情緒。理性控制情緒不僅有助於你的職場人際交流，面對工作挫折時也能快速恢復元氣，此外，正向情緒常能使人的大腦更加靈活，構

思出更多更好的想法。

3. 豐富想像力。面對工作時，我們不乏有挑戰腦力、拓展思路的時刻，而豐富的想像力經常是變通思考、推陳出新的好途徑，值得一提的是，有豐富想像力的人，多半會對自己的目標堅持不懈，從一而終。

4. 理性思考。理性思考能夠使你跳脫狹隘的觀點來看事、處事，並且剖開事物的表面，發現事物的本質，進而避免落入弄錯重點、盲目行事的窘境。

四、培養和改正習慣的訓練，打造更好的自己！

許多個人習慣形成以後，不需要你費力喚醒它，它就已經開始發揮作用，如果你能夠感覺到它的存在，就說明你已經違背習慣行事，無論那個習慣是好是壞。事實上，做任何事情都是熟能生巧的過程，在某些習慣剛開始形成的時候，它或許如同一張薄弱、佈滿孔洞的蜘蛛網，隨著時日漸久，它就變成了一條條鐵鍊，成為固若金湯的堡壘。正因如此，生活中的小習慣雖然看似瑣碎，無足輕重，但積聚在一起便有無窮力量，如果能培養良好的習慣、改正不良習慣，你的生活面貌就能正向大翻轉。

由於大腦是統合身心各部分而發揮作用，它運行的方式就是讓所有活動都朝著阻力最小的途徑發展，而阻力最小的途徑經常取決於大腦的意志活動，也就是我們的意識，往往當某個思考或行為途徑被多次運用後便會固定下來，形成人們的思維和行為習慣，而借助意志力培養或改正習慣，不僅能增強意志力，還能節約大腦的能量，讓你完成更多的事情。

儘管每個人想培養或改正的習慣不盡相同，但本書提及的具體方法都能作為參考，當意志力的支配能力變強時，你就能對自我生活做出合理又有效的規劃，並且提高實現人生目標的機會。

意志力訓練的基本準則

「有志者，事竟成」是一句至理明言，而許多成就不凡的大人物則證實了它是一個真理。例如德國天文學家開普勒（Johannes Kepler）在研究天文學的時候，付出了常人難以想像的艱辛；他研究火星的周邊星球時，那些寫滿二十頁的數字以及七百頁的草稿紙，或許使人感到佩服，但得知他曾進行反覆的計算至少十次之多時，恐怕就叫人驚嘆了，所以對此曾有人說：「他是經過最艱辛、最精深的研究，才得以發現自然界的奧秘。」又如被譽為交響樂之父的海頓（Franz Joseph Haydn），他並不是那種依賴靈感一發不可收拾的爆發型音樂家，而是每天規規矩矩在固定時間埋頭創作的人，他的所有音樂成就可說是每天辛勤努力的結果。

生活中許多事情的成功關鍵，就是以堅持不懈的精神，把瑣碎的小事做好，直到累積成為大事，當我們渴望成功、期望實現夢想與人生目標時，堅韌、耐心都是決定成功與否的重要因素，而意志力的提升也不外如此。在開始進行意志力訓練之前，熟知意志力訓練的基本準則，可以幫助你更有效率、更堅持地練習。

一、保持理智，合理並清楚地設定你的目標

訓練之前，如果你努力告訴自己：「我能夠做到我期待完成的事情，我也確信我能很好地完成很多事情。」這無疑是有益處的，但生活中的許多事實也說明了，人們的成敗得失是各得其所的，即使擁有意志力，我們也不能實現根本不可能實現的願望，因此所謂「我期待完成的事」，指的是符合你當前的智力、生活情況、志向、抱負等密切相關的事，而不是制定根本無法實現的目標，由於目標確定以後，戰鬥也就開始了，要是你喪失理性或無視道德地一味蠻幹，只會造成嚴重的精神打擊，或是帶來難以想像的可怕後果。

正如英國哲學家培根（Francis Bacon）曾說：「人類的天性往往具有隱秘性，一般能夠被克服，但很難被徹底消除。要想克服天性，就不要為自己設定過高的目標，目標過高會因經常的失敗而喪失信心，目標過低會因常常的勝利而變得驕傲自大，難有成就。」在訓練開始之前，首先要做的就是做出正確選擇，設定一個具體、清晰、合乎理性的目標，然後堅持地去實踐它。例如：為了維持好身材，你決定每天晚上都要做瑜珈伸展操，一整套做下來可能要一小時，一小時的運動對剛開始的你，目標過大了，所以，你可以先針對特定部位訓練，建議可以縮短為每天 15 分鐘，這樣每天實行起來是不是就容易多了。沒有必要貪求過多的目標，一次做好一件事，往往能高度確保你的成功。當然在生活中，你可能無法滿足全部的夢想，但盡心盡力、持之以恆地去實現一個正確而合理的目標，命運永遠不會辜負你。

二、別貪心！各別擊破，一次做好一件事

儘管我們提供了許多訓練方向，但不表示你必須一舉成擒，必須再次強調的，多頭馬車並不能更快跑到終點，一次做好一件事，比起苛求自己同一時間內全部演練要好上太多！事實上，選擇任何一個意志力訓練方式，都能有效帶動意志力與身心的全面提升，比如訓練身體的某一部位能提高思維能力，而對思維的訓練也能促進身體機能的發展。

這一原則其實具有相當的普遍性，有個實驗可以說明這一點。以健身運動為例，哪怕再小的努力都會給身心帶來改變，有些變化每天都在發生，而且能夠被人覺察，不過有趣的是，有些能力的提升與是否進行專項訓練無關；好比第一天先努力訓練左手的抓握能力，再訓練右手的能力，每隻手各練十次，檢測一下後，得知左手的抓握能力若為十五磅，右手也會是十五磅，接下來，每天只訓練一隻手，持續練習十多天後，檢測一下

握力將發現，若這隻手的握力為二十五磅，另一隻手就有可能是二十一磅，由此可知，訓練一隻手的同時，另一隻手的能力也在增強，而且不需要專門的訓練。

在增強意志力的訓練中，如同上述提及的例子，任何程度的意志力訓練都能全面增強意志力，只要是在目標堅定明確、精神良好的狀態中，適當的訓練一定能夠使你的意志力獲得提升。

三、注意勞逸結合，適當安排休息

訓練的結果如何取決於訓練的過程，在進行訓練的同時，一定要合理安排自己的休息，以達到勞逸結合的狀態。比如你打算做為期十天的訓練，那就在五天後進行調整和休息，這不僅可以使自己的訓練事半功倍，減少不必要的身體損耗，還能使自己具有更充沛的精神。簡而言之，體力與腦力兩者要有張有弛，重要的是保持身心的平衡，只有具備了充足的精力，才能夠保持意志力的旺盛。

四、別讓堅持和信心消散

無數例子都證明自信、意志力和成功存有密切聯繫，內心充滿自信、想法積極的人，越容易成功，而缺乏自信、想法消極的人，越容易失敗，意志力訓練也是同樣道理，保持信心是推動成功、取得進步的最大助力，以下是使你保持信心的四種方法：

1. 你的目標要符合你的能力。

2. 在你身體和精神狀態較佳的時候，去完成自己的目標。

3. 頭腦中要充滿積極的想法，樹立自己的信心，杜絕動搖目標的想法和消極念頭。

4. 保持信念的活力。在內心裡堅定地告訴自己，自己一定會勝利，一

定能夠實現所追尋的目標。例如，你可以對自己說：「我要擁有果斷的處事能力，我要以我全部的力量去實現我自己的價值，我必須實現它。」

當然了，你還可以緊緊記住最簡易也是最重要的一個方法，就是告訴自己：「我的精神狀態是樂觀的、積極的！」這能減低你被負面情緒佔據而放棄實現自我目標的機率。

人生境遇由你的意志力來決定

從普遍情況來說，一個人能否成就自我人生，主要在於他的意志力是否足夠的強大，許多經常說「給我機會」的人，實質上極為脆弱、容易軟弱，因為擁有強大意志力的人，多半是主動創造機會！

許多時候，所謂的平凡與成功、庸庸碌碌與精彩踏實，都是由每個人的自我心態、自我意志所決定，我們可以依靠意志力和合理的行為成就自我人生，也能任由怠惰、自暴自棄摧毀個人意志和抱負，既然人生境遇也由我們自己的意志力來決定，何不試著努力一把，通往成功、幸福之路？無論你如今的境遇是否順遂，只要你開始訓練自己的意志力，命運終將朝著你期待的方向發展。

從今天起，請開始你的征程吧！

思考動機時要理性判斷！

意志力行為有三個步驟：

一、在大腦裡構思好要做的事

二、尋找做此事的理由和動機，理由和動機越充分越好

三、依照理由和動機，下定決心，服從意志，著手開始行動。

做一件事的理由充足時，意志力才會變得強大，而一個理由其實就是一個動機，也是人們開展行動的依據；思考動機的時候，不要讓膚淺的欲望佔據你的內心，而應該讓你的理性和心智主導你的判斷、決定，應讓長遠的目標成為自己最強烈的願望，長此以往關注的話，你的目標一定能夠實現。

你的企圖心有多大？

許多人童年時都有玩具娃娃，如今有的可能掉了鈕釦，有的形體也殘缺不全，甚至找不到了，但是它曾帶來的溫暖記憶還是美好的。請回想你最鍾愛的是哪一種類型的娃娃，從娃娃可以窺看你的企圖心。

A. 布娃娃。

B. 小熊之類的毛絨娃娃。

C. 木頭娃娃。

D. 塑膠人形娃娃，如芭比娃娃、機器人。

結果分析：

選 **A**：你缺乏企圖心，內心有害怕失敗的想法！由於受不了失敗的感覺，更畏懼成功後要負擔的責任，所以處事上容易退縮不前，無法全力向目標衝刺，害怕全盤皆輸，而在他人眼中，你是不具威脅性的人。如果你想當上成功者，向成功靠攏的方式就是加強個人膽識，勇於接受挑戰。

選 **B**：你的企圖心是彈性調整的，對於在乎的人事物，暗地裡會產生嫉妒的感受，容易為了不被比下去，要爭回一口氣而拼死拼活，例如戀

愛對象的前任情人是身材輕盈的美女，就會拼命想要減肥。你凡事容易從比較心態出發，老是想和他人較量，如果沒有較量的對象就不會努力，唯有放下嫉妒攀比心理，成功才能指日可待。

選 **C**：你的競爭性不強，但並不是沒有企圖心，你很少欣羨別人的成就，也不追逐別人眼中所謂的成就，所以不管別人的目標是什麼，在人生跑道上，你一直知道自己要的到底是什麼，而且會一步步向著自我追求的目標前進，並從過程中享受到付出的樂趣。

選 **D**：你的企圖心超強，競爭力也超強，他人無法忽視你的存在，但有趣的是，你雖然是敢爭搶的人，實際上卻未必能真正確定自我的目標，所作所為很容易跟著世俗框架而走，例如追求金錢和名利，重視別人如何看待自己，說得更直接一點，你不小心就會為了別人的評價與眼光而活，因此最好試著拓展個人視野、保持虛心，才能真正得到成功，又不會讓自己的內心感到空虛。

第2章

感官訓練，從日常
生活中提升意志力

Concentration
and Willpower

2-1

「眼」技提升意志力？體驗視覺訓練的威力！

　　如果你喜歡看電影、看影集，不難發現很多實力派演員就算沒有台詞，也能用一雙眼睛演出滿滿的戲，無論是悲傷的眼神、憤怒的眼神，還是溫柔慈愛的眼神，全部都是他們手到擒來的表演絕活，甚至只要導演一喊「卡」，剛剛在鏡頭前的眼神與情緒便能馬上消失，就好像變魔術一樣說沒有就沒了，直叫人瞠目結舌。不過這些爐火純青的「眼」技絕非憑空得來，往往高強度的眼神訓練是許多演員必經的修練之路。

　　談及眼神訓練的效果與方式，我們可以用以下的例子加以說明。台灣泰雅族牧師林慶台（族名：Nolay Piho）曾獲導演魏德聖的力邀，飾演電影《賽德克‧巴萊》中的中年莫那魯道一角，片中他充滿霸氣、讓人感覺「很殺」的銳利眼神，幾乎讓很多人驚嘆那真的是「獵人的眼神」！有人訪問他時，特地問及從未演過戲的他是如何練出這樣的眼神？原來在拍片過程中，導演曾要求演員們每晚睡前集合半小時做一件事，就是專心凝視著一根蠟燭，如此一邊練出了專注力，一邊練出了犀利眼神。

　　在意志力訓練中，定點凝視正是最為人所知悉的專注力訓練方式。事實上，眼神訓練就是以意志力支配眼部肌肉與視覺系統，同時控制內心情感的表達，這也意味著提升意志力可以藉由訓練視覺做起，好比軍隊進行的訓練方式，就是二人盤腿而坐，互相凝視對方，禁止開口說話、目光飄移，一來鍛鍊堅定的意志力，二來養成富有威嚴的眼神，對人產生精神性的威嚇攻擊。

在日常生活中，視覺訓練帶來的好處除了提升意志力之外，還能讓人擁有一雙會說話的眼睛！與人交談時，眼神最能顯示出一個人的情感與思想力量，當你養成把思想傾注於眼神的習慣時，無論是出席社交場合、與人談判，或是參加面試、當眾演說，就能以堅定自信的目光陳述自我觀點，進而容易取得他人的信服。當然了，意志力與視覺訓練的關聯並不局限於養成眼神表情，一般而言，在意志力的影響下，當你把身心焦點傾注於身體的某個部位，該部位附近的血流量就會明顯增大，因此意志力集中於眼睛時，眼部肌肉與視神經將因充足的血液供應而具有活力，而在經過一定的視覺訓練後，視覺能力、觀察力、專注力、記憶力、辨析能力，乃至於內在精神能力也會隨之提高。

七種生活化的視覺訓練方式，總有一種你會喜歡！

在此，我們提供七種生活化的視覺訓練方式做為參考，你不僅完全可以挑選自己偏好的方式展開練習，也能在掌握了練習要點後，自行設計一套適合自己的訓練方式！此外，嘗試進行視覺訓練時，別忘了過程中盡可能讓自己全神貫注，排除一切干擾，練習的初始階段或許會有點困難，但請不要放棄努力，堅持下去！

Do it！你可以這樣做！

方法一、福爾摩斯訓練法

福爾摩斯訓練法主要是挑選屋外的一樣物品，集中注意力進行凝視，凝視時間結束後，開始相關問題的問與答，這表示為期十天的訓練開始之前，你可以先把以下問題紀錄下來，然後列印或影印成十張問卷，以便每天填寫一張，當然了，如果你追求科技感，也可以使用電腦紀錄一切，但

無論如何,請記得保留這些問卷資料,因為你在問卷上留下的文字紀錄,將是訓練成果的事後檢視依據。

問卷包含的問題如下:

- 請推測目標物的大小和尺寸。

- 估測一下目標物離你的距離,及其它跟其他事物的距離。

- 留意目標物的外形,比較一下,它與其他事物的不同之處與相同之處。

- 查看目標物的顏色,你覺得它跟周圍環境是否協調?如果不協調的話,你覺得原因是什麼?如果協調的話,你認為它如何達到這種協調感的?

- 分辨目標物的質地,推測一下它是用什麼做成的?它有什麼用途?有什麼作用?哪些方面還有缺陷?是否有進行改善的餘地?改善的方法是什麼?

你並不需要用應考作答的心情展開訓練,更不需要把這些問題背下來,只要大約知道問題方向就足夠了,因為在你凝視目標物、收集目標物的資訊時,大腦通常就會主動展開相關思索。至於訓練時間,我們會建議挑選固定時段,如果實際情況上有困難也沒關係,但務必堅持每天練習一次,持續十天。

訓練步驟 1: 隨意找尋屋外或窗外的一件物體,集中注意力凝視,眼睛儘量保持自然放鬆,不要太緊張。凝視時間的長短請自行決定,你覺得可以了,就休息吧!

訓練步驟 2: 觀看一段時間後,就休息一下,開始填寫問卷,把你所能夠想到的一切記下來。

訓練步驟 3：十天後，請拿著你手邊的問卷翻看，分析自己的觀察力、聯想力、思考力是否有所提高，再依據訓練成果進行調整。剛開始你可能對結果不滿意，也可能堅持不到十天就放棄練習，無論如何，記得鼓勵或要求自己再接再厲！

方法二、空間大師訓練法

空間大師訓練法的訓練概念，主要是找一個空間當「練習室」，對室內物品進行「看」與「記」，例如辦公室、臥房、圖書室、儲藏室等等，這意味著只要某個空間或房間內有物品存在，你都可以用來當作訓練場地，就算對練習室內的環境很陌生也無妨，不過選擇場地時要特別注意，在為期十天的練習裡，你每天都要去練習室報到一次，而且十天後要仔細查看練習室內的物品，所以盡量避免選擇那些掌控度不確定的場地。

訓練步驟 1：走入房間內，看看裡面有些什麼物品，雖然你看過就記住的物品越多越好，但這個訓練並不是要你待在房間內「背記」物品，所以進入房間後，請以平常的行走速度在房內轉一圈，然後離開。

訓練步驟 2：離開房間後，記錄一下你剛才看到的全部物品，切記，最好憑藉腦海中的回憶和印象，不要依靠事先掌握的資訊。

訓練步驟 3：每天堅持練習一次，持續十天，十天後，請拿著自己的記錄走進房間，仔細地查看房內物品，看看自己一直以來都遺漏了些什麼。

方法三、跳棋圓球訓練法

跳棋圓球訓練法的概念，主要是透過視覺與大腦的瞬間注意力，掌握眼前物品的數量與外觀，從而逐漸培養高度集中的專注力，同時提升觀察

力、記憶力、反應能力與意志力;在訓練開始前,我們要準備兩樣練習道具,首先準備三種不同顏色的同樣物品,數量約二十個到三十個左右,你可買一盒三色跳棋,或是買三種不同顏色的珠子或圓球,也可以不花一毛錢把三種顏色的廢紙都揉成紙球,接下來,再準備一個上面有開口的紙盒或圓桶,練習道具就完成了。

假設你買了一盒總共四十五枚的三色跳棋,請把它們通通混在一起放進紙箱裡,然後展開練習:

訓練步驟 1: 左手先放進紙箱內,隨手抓一把跳棋,隨後右手也放進紙箱內抓一把。當雙手各抓著一把跳棋後,請鬆手讓跳棋都落在地板上或桌上。

訓練步驟 2: 跳棋落下後,給自己五秒鐘的時間看一下每種顏色的跳棋數目,隨後,把數目記錄下來,同時確認你的答案有多高的答對機率。

訓練步驟 3: 每天堅持這樣的練習持續十天,十天後,請觀察自己的觀察力、記憶力、反應能力是否有所提升。

方法四、牌卡麻將訓練法

牌卡麻將訓練法的概念,主要是在短暫的時間內讓人觀看物品,並讓大腦瞬間記憶,藉以提高專注力、記憶力與意志力。訓練開始前,我們至少需要準備二十張沒有重複性符號的牌卡,例如撲克牌、英文單字卡、塔羅牌、注音卡等等,你也可以選擇自己 DIY,將厚紙裁切成相同尺寸,並在每張厚紙上寫下一個英文字母,如果你平時喜歡摸八圈,麻將牌也可以拿來當練習道具。

訓練步驟 1: 蓋住牌面洗牌後,從中隨機選出二十張牌卡平放於桌上,記

住先別翻面。

訓練步驟 2： 從二十張牌卡中，先選出十張牌卡，然後翻面瀏覽每一張牌卡的牌面，並且記下它們，至於沒選到的牌先放在右手邊。翻牌時，你可以翻閱完一張牌再翻下一張，每一張牌有五秒鐘的觀看時間，你也可以把牌卡鋪成一列後，一口氣翻開，花五十秒的時間去觀看。

訓練步驟 3： 觀看時間結束後，請轉過身背對牌卡，依靠你的回憶，把自己有印象的牌面符號全部紀錄下來，就算沒有按照牌卡的位置順序也沒關係。記錄完畢之後，轉身回去對答案，算一算自己答對了幾個，接著把這十張翻開的牌卡收起來放左手邊，休息一下後，準備進行第二回合的練習。

練習步驟 4： 請拿起放在右手邊的十張牌卡，重複步驟 2、步驟 3 的練習。

練習步驟 5： 第二回合練習結束後，把二十張牌卡放在一起，重新蓋住牌面洗牌。洗牌後，請挑出十張牌卡，進行第三次最終回合的練習。

練習步驟 6： 牌卡練習一次要練習三回合，每天要堅持練習三次，換言之，每天總共要練習九回合，如此持續十天，十天後，觀察自己有沒有越來越進步，如果感覺這樣的練習已經沒有難度了，你不妨依據情況，主動把牌卡張數增加到三十張，練習一次記憶十五張牌卡。請記得練習時要全神貫注，一步一步慢慢來，避免內心急於求成。

方法五、十秒快門訓練法

十秒快門訓練法可說是把自己的雙眼當成是照相機快門，用十秒鐘

的時間拍下一張寫真照片，這個練習方式雖然很簡單，卻能有效提升專注力、觀察力、記憶力與意志力。訓練方式是凝視前方十秒鐘，過程中要保持目光不偏移，仔細觀察你能看到的一切事物，而在觀看十秒後，盡可能憑藉你的記憶回想一切，把自己看到的全部事物記錄下來。

訓練步驟 1： 凝視前方十秒鐘，過程中要保持目光不偏不移，仔細觀察你能看到的一切事物，而在觀看十秒後，盡可能憑藉你的記憶回想景象，把自己看到的全部事物記錄下來，隨後，檢視你的練習成果。此外，練習時應要求自己在十秒內掌握足夠準確的資訊，往往這能幫助你更為專注地觀察一切。

訓練步驟 2： 每天堅持這樣的練習，持續十天，要注意的是，練習時要確保自己始終站在同一個位置、看同一個方向，十天後，觀察自己是否有進步，接下來，你可以選擇休息一天再進行第二階段的練習，也可以隔天馬上展開練習。

訓練步驟 3： 第二階段的練習方式與步驟 1 相同，唯一不同的是，你應變換自己觀察的位置和方向，如此堅持練習十天後，分析看看自己的專注力、觀察力、記憶力是否有提高。

方法六、細節狂人訓練法

細節狂人訓練法可以被視為是十秒快門訓練法的進階加強版，儘管它的難度與訓練強度都有所提高，但隨著持之以恆的練習，它的訓練效果可是能讓人相當滿意！

訓練步驟 1： 目視前方，保持眼睛自然眨動、身體放鬆，平靜地凝視某個離自己較近的目標物，並用一分鐘的時間將注意力用來觀察目標物，你可以定下鬧鈴或默數六十秒，時間一到，請閉上

眼睛，努力回憶目標物的具體形象，然後將你對它的一切印象都記錄下來。

訓練步驟 2： 每天以十種不同的目標物作為觀察對象，也就是步驟 1 重複練習十次，並且每天做好記錄，持續十天之後，分析自己的觀察力和記憶力有什麼樣的改變；此外，你可以根據自己的實際情況延長練習的期限，練習的時間越久，你的收穫就會越多。

這個練習的目的，主要是幫助你學習觀察事物的技巧，同時培養觀察力和洞察力，隨著練習的逐步進行，你觀察事物的細緻程度、腦海影像的清晰度將隨之提升，這也意味著你的觀察力會越來越敏銳！敏銳的觀察力代表著觀察事物時，你能更準確地把握住事物的真實情況，並且探知和分析各類事件的起因、發展、結局、影響，以及多種事件之間的複雜關係，進而讓事態動向盡數在你掌握之中。換言之，細節狂人訓練法不僅能讓意志力逐步增強，還能讓觀察力、記憶力、想像力、分析力、邏輯思考力都獲得同步的提升。

方法七、電眼訓練法

大家都聽過「眼睛是靈魂之窗」的說法，呆板、空洞的眼神不僅會令人感覺沒精神，也容易給人欠缺意志力的觀感，因此電眼訓練法的關鍵要點，除了幫助我們善用眼神傳情達意、展現個人魅力之外，也包含了有效鍛鍊堅定有神的目光，而往往透過以下三種訓練方式，你就能在與人交流時保持沉穩目光，給予他人良好的第一印象。

1. 定點凝視。

試著集中注意力，目視前方，凝視離自己大約二到三公尺處的一個定

點，專心地看著它，但看的時候要保持自然，別讓眼睛過於緊張，你可以一邊凝視，一邊默數到五十的時候停下來休息，如此每天堅持練習，持續十天。至關重要的是，練習過程中要把意志力集中於凝視的行為上，至於默數的數字則可以逐步增加，訓練一次增加到二十下。

2. 注意力放在眼睛部位。

凝視房間裡的某件物品，眼神要自然，不要緊張，保持眼睛自然眨動，並把注意力、意志力傾注到自己的眼睛部位，而不是你注視的目標物上，這也就是說你要專注於「看」這個動作上，記得別時不時地盯著自己的鼻子看，要儘量讓眼睛的餘光遍佈周圍。你可以經常進行這方面的練習，但別忘了保留相應的休息時間，絕對不可以讓眼睛過於疲勞，以免弄巧成拙。

3. 想劇情，對著鏡子練眼神。

站在一面鏡子前，在腦中想像一種情緒，然後設法用目光表現出你的情感，比如想像對某事感興趣時，你的眼睛就會顯出興奮的目光，想像快樂時，你的眼神就會呈現出歡樂的樣子，想像對某事厭煩時，你的眼睛就會流露出憎惡的目光。你可以每天堅持練習，不限天數，甚至持續練習幾個月。經過長期的認真訓練以後，你不僅能控制自己的眼神表情，意志力也會得到增強。

藉由電眼訓練法，你完全可以鍛鍊出一雙會說話的眼睛，其中最重要的是，你必須把情感、思想和意志力都傾注於眼睛，唯有如此，你才能夠掌握真實的生活情況、真心流露自己的內心情感，也才能由內而外地彰顯出個人魅力！

找出難以堅持的障礙點，試著解決它！

　　無論是展開意志力訓練，還是決定養成某種習慣，過程中都需要保持耐心、堅持與理性，當你感覺挫折而萌生放棄念頭時，首先要思考自己的意志力訓練計畫、個人目標是否有合理安排？與此同時，找出造成你無法堅持的問題點，設法解決，將能有助於改善情況。例如你總是沒辦法做到早上準時起床，就算勉強自己早起，起床後也容易精神不佳、沒有元氣，那麼除了意志力的因素外，「睡不飽」很可能才是你早上賴床的主因，所以此時應該要設法解決睡眠品質的問題，好比是不是就寢時間經常拖太晚？還是睡眠環境不好造成你睡不安穩？又或者是身體的健康出狀況？往往針對實際狀況做出改善與調整，排除可能的障礙，反而能更有效地幫助你實現目標。

2-2
練就一雙金耳朵！善用聽覺訓練提升意志力

　　你喜歡聽音樂哼哼唱唱嗎？你覺得自己的聽力夠不夠敏銳呢？人們的聽覺系統具有複雜性與奇特性，有些人能準確地聽音辨位，有些人能具體分辨不同的聲調與音色，而對於音樂家來說，高度靈敏的聽覺格外重要。

　　出生於馬來西亞的郭修鍇小時候被診斷出罹患高功能自閉症，與此同時，他也被發現具有絕對音準（prefect pitch）的能力，所謂絕對音準，意即聽到樂器彈奏出一個音，就能立即準確辨別是什麼音，換言之，在不需要任何提示的狀況下，他單憑聽覺就能辨別出不同音高、各種音頻，甚至還能掌握微分音（micro tone），而這令人羨慕的音樂天賦加上專注努力的態度，不僅豐富了他的精神世界，也讓他早早就取得了八級鋼琴資格。

　　儘管絕對音準被視為是極少數人能擁有的天賦能力，但只要經過後天的長期鍛鍊，一般人也能培養出相當程度的音感，正如喜愛聽音樂的人經常因為有意識地運用聽覺系統，逐漸練就出一雙挑剔的「金耳朵」，無論是對樂曲的旋律、樂器的音色、演唱者的聲音表情，還是表演者的彈奏或演唱技巧，他們往往都能敏銳地察覺出不同之處，這也意味一旦透過適當的訓練，我們的聽覺系統將可以獲得強化。

　　事實上，在意志力訓練中，聽覺系統的開發與訓練，除了能提升聽覺的敏銳度之外，也能增強個人的專注力與意志力。當我們想把外界某一特定聲音聽得更加清楚時，通常會努力專心傾聽自己感興趣的聲音，同時試

著消除某些聲音的干擾，當然了，我們也可以針對某種聲音關閉自己的聽覺，而這一切均仰賴於意志力的支配控管才得以完成。

在日常生活中，各種聲音總是四周流竄，很容易便對我們產生干擾，但是當一個人對某件事全神貫注時，他的注意力會鎖定在這件事上頭，即便周圍環境再吵雜也不會使他分心，就好像完全沈浸於自我的小宇宙當中，例如神學家阿奎那（St. Thomas Aquinas）就曾經在某次宴會上對周圍一切視而不見，自顧自地神遊於自己的思考世界。某次，有位國王邀請阿奎那出席晚宴，大多數受邀者無不感到光榮無比，紛紛向國王殷勤致意，唯獨阿奎那不發一語，直到宴會中途，他突然以拳頭一擊桌面，站起來高興地說：「我終於明白了！」眾人大吃一驚，詢問之下才知道，原來阿奎那被一道神學難題困擾許久，常常會陷入沈思而忘記身在何處，這下因為思索到答案才激動得失態了。

不可諱言的，置身喧鬧環境還能專注思考、專心做事並不容易，不過由於人類習慣做某件事之後，大腦會主動建立高效率的行為捷徑，一旦捷徑啟動，所有行動將聽從慣性指令而無視其他的指示，因此當我們透過聽覺訓練強化意志力、專注力，並且提高對聽覺系統的支配能力之後，大腦就能逐漸建立起聽覺系統的支配機制，進而對外界聲音進行「ON ＼ OFF」的過濾與管理，排除不必要的干擾，提高做事效率。

啟動意志力的六種聽覺訓練法

以下我們提供幾種聽覺訓練方法做為參考，進行練習時，請牢記訓練的目的除了要強化聽覺的掌控能力外，也在於同步增強意志力和注意力，所以練習過程中要運用意志力讓自己全心投入，然後根據各種情況，選擇要傾聽所有聲音還是一種聲音，或者是使自己處於一種「無聲」的專注狀

態。一般而言，經由一段時間的訓練後，隨著意志力的強化以及注意力的敏銳度增加，你逐漸就能任意控制你所聽到的聲音，不管是要傾聽它還是隔絕它，都可以由你自行決定！

🎯 Do it！你可以這樣做！

方法一、耳聽八方訓練法

耳聽八方訓練法的概念是藉由分辨身邊的各種聲音，逐步提高聽覺敏銳度與注意力，因此在日常生活中你能隨時隨地進行這樣的訓練。

訓練步驟 1：用心傾聽在你身邊流竄的聲音，仔細分辨一下有多少種，努力弄清楚這些聲音源於何處？它們是由哪些物品發出的聲響？它們的聲調、強度等等各有什麼特徵？如果情況允許，你可以做好每一種聲音的記錄，越詳細越好。

訓練步驟 2：每天至少練習一次，持續堅持練習十天，十天後，依據記錄分析自己的聽覺能力是否有所提高。

方法二、耳力偵測訓練法

置身吵雜環境時，無論是要減低外在聲音的干擾，還是想專心做事、聽人說話，往往都需要高度的精神集中力才能保持專注，因此耳力偵測訓練法的方式，就是從身邊的聲音中找出細微聲響，藉以鍛鍊注意力與專注力。

訓練步驟 1：從你身邊的環境聲音中，努力尋找一種你能夠聽到的最微小的聲音，例如水龍頭的水滴聲、電腦的風扇轉動聲、時鐘的滴答聲等等，然後研究它的聲源、聲調、規律等等特性，如果可以，把你的觀察與想法記錄下來。

訓練步驟 2： 你可以每天換一種聲音加以關注，並且一天練習十次，堅持
練習十天，十天後，不妨仔細分析一下你所做的記錄，觀察
自己的聽力、注意力與專注力是否有所提高。

方法三、愉悅放鬆訓練法

現代人生活壓力大，身心常處於緊繃狀態，如果想要用既能放鬆身
心，又能增強意志力與專注力的鍛鍊方式，愉悅放鬆訓練法絕對值得嘗
試！

訓練步驟 1： 從生活中找尋一種你常聽到而且深感愉悅的聲音，或是選擇
自己喜歡聆聽的音樂，仔細地傾聽它，思考它令你覺得動聽
的原因，記錄下這種美妙的感覺。過程中，應讓自己放鬆地
沈浸其中，如果你選擇聆聽音樂的話，最好挑選能讓你專注
放鬆的樂曲。

訓練步驟 2： 每一天要練習十次，最好每天換一種聲音、一首樂曲，練習
時，盡可能讓身心記得那種放鬆又專注的感覺，如此堅持練
習十天，十天後，觀看你所做的記錄，檢視自己是否能很快
進入專注狀態。

方法四、音樂腦訓練法

對於人類大腦來說，聆聽音樂並不僅僅是指揮聽覺系統去聽而已，往
往過程中還牽涉到創意、記憶、學習、情感、生理反應等等的運作，而音
樂腦訓練法便是透過聆聽音樂、記憶旋律的方式，讓我們在強化左右腦的
同時，提升專注力與意志力等各方面的精神控制。

訓練步驟 1： 傾聽一首樂器演奏的樂曲，聽完後，在腦海裡回憶這段旋律。
開始時，你或許難以記住全部的旋律，但只要堅持這樣的練

習，一定能夠將整段旋律記憶下來。請把這樣的練習當作長
期的必修課程，直到你能夠很容易地記憶全部的旋律。

音樂腦訓練法的練習方式很簡單，自由度也相當高，幾乎不會帶來任
何負擔，而在訓練過程中，聆聽音樂、記憶旋律除了能強化腦部機能外，
也能增強想像力、激發創造力、提高注意力與記憶力，甚至還可以達到整
合身心靈的效果，可以說是一舉多得的聽覺訓練法！

方法五、手錶訓練法

有些人的聽力敏銳度非常高，對於細微的聲音、聲調的變化、聲源的
位置都能清楚辨識，從動物生存機制的角度來說，這一類的人具有高度的
危機感知能力，當他們察覺到具有威脅性的聲音靠近時，就會迅速做出反
應，這也意味著一個聽力敏銳的人，對於周遭環境也有著高度的注意力，
即便身處吵雜環境中，他仍能捕抓自己想要聽取的聲音，而手錶訓練法的
目的，就是透過提升聽覺能力，逐漸培養出集中精神的能力，一旦注意力
與專注力提高了，意志力相對也獲得了強化。

訓練步驟 1： 找一處安靜的地方，右手拿著有錶針走動的手錶，然後讓雙
臂往身體的兩側張開，這時看看自己能否聽到錶針走動的聲
音？如果沒有的話，就將手錶移近自己的耳朵，直到你能夠
聽到錶針走動的聲音。記錄一下你開始聽到手錶聲音時距耳
朵的距離，隨後，改以左手拿著手錶，再做一次練習，練習
完畢後，再次記錄。記錄時，記得註明練習日期，以及左右
手的聽音距離。

訓練步驟 2： 每一天進行十次練習，記得左右手要交換練習，堅持這樣的
練習十天，期間你也可以適當安排自己休息，十天後，按照
記錄分析自己的聽力是否有進步，注意力又是否有所提升，

如果你對成果不滿意，請繼續保持練習。

方法六、隔離噪音訓練法

在日常生活中，我們免不了都有被環境噪音干擾的經驗，比如冷氣機的運轉聲、建築工地的機器聲、走道上的腳步聲、隔壁桌客人的喧鬧聲等等，當某些環境噪音無法隔絕時，有些人會情緒煩躁、身心疲憊、做事效率降低，而面對某些令人煩亂又難以擺脫的聲音時，想要杜絕它們的侵害、降低受到干擾的程度，只能試著以意志力在腦海裡隔離它們，替自己營造出一個舒適的身心空間。

隔離噪音訓練法的練習目的，就是讓我們學會用意志力去掌控聽覺系統，進而能冷靜地正面迎擊噪音，降低它們的不良影響。

訓練步驟 1：留意生活中經常對你造成干擾的外界聲音，從中找出一種最容易令你厭煩的聲音，比如印表機列印的聲音、鄰居家傳來的麻將聲，當它又使你情緒煩亂時，利用意志力轉移注意力，讓自己關注其他的聲音，盡可能把討厭的聲音杜絕在意識之外。

訓練步驟 2：剛開始練習時，對於隔絕噪音很容易有挫折感，甚至使人發怒，但請持續這樣的練習五分鐘，不要輕易放棄，五分鐘後，稍微休息一下，放鬆自己的心態，不要再關注任何一種聲音。當你對於干擾自己的噪音能保持五分鐘的隔離後，不要停止練習，而應逐步將隔離時間延遲為十分鐘，直到你可以把隔離噪音的時間持續半小時以上。

訓練步驟 3：每當聽到你討厭的聲音時，就應運用意志力堅決地告訴自己不要去在意它，並且努力轉移注意力，慢慢地把它從你的腦海裡驅趕出去，直至消失。在練習過程中，只把注意力轉移

　　到其他聲音上的方式，有可能使你感到枯燥而難以持續練習下去，此時你可以變換一下注意力轉移的方法，好比你可以在腦海中想像一些有規律、有節奏、使人平靜的聲音，藉以消除噪音的影響，例如規律緩和的海浪聲、清澈響亮的鐘聲等等。

　　有一點一定要切記：如果你不能冷靜對待令人心煩的聲音，通常它對你的干擾只會變本加厲！因此面對噪音侵襲時，儘量把注意力轉移到其他美好的事物上，往往透過堅持不懈的練習，不僅意志力能有所增強，隨著腦內噪音管理模式的建立，你也漸漸能控制自己的心態與聽覺系統，使得自己不受噪音的侵害與干擾。

 你的意志力常因何種問題而出狀況？

假設你明天就要參加一場重要考試，以下哪種狀況是你最害怕發生的？

A. 發現考卷上出現了沒練習過的題型

B. 去考場的路上發生意外，結果趕不上考試

C. 莫名其妙被懷疑考試作弊

D. 看到熟悉考題，但本來倒背如流的答案卻怎麼也想不起來

結果分析：

選 **A**：你的意志力常因為自信心不足而動搖，處理很多事情時，總希望別人能肯定你的想法與做法，因此遇到事情時，很容易就急著到處詢問別人的看法，一不小心就會人云亦云，失去主見，就算自認已經理性分析事情並且也做好了相關打算，只要別人稍微講幾句質疑的話，你也會開始懷疑自己是否真的做錯了！建議你要加強自信，多多肯定自我能力與個人價值！

選 **B**：你的意志力容易因為思考不夠全面而受到挫折，意即你看待事情時無法綜觀全局，經常是抓著一點就牢牢不放，反而陷入了思考盲

點，而在面臨抉擇的時候又過度謹慎，常常猶豫不決，非常害怕嚐到失敗
的滋味，結果做事綁手綁腳，不敢大刀闊斧地去做。建議你遇到事情時，
試著學會換個角度看問題，一旦理性地做出決定後，就勇敢採取行動吧！
不要害怕犯錯，有時從錯誤中學習將能讓你成長更多！

選 **C**：你的意志力常被負面心態壓制而無法發揮，遇到事情時，你
很容易悲觀，有時甚至杞人憂天，因此總是在還沒開始行動前就覺得自己
成功機會不大，老是把時間用來擔心一些發生機率很低的事情，建議你遇
到事情時，一定要學會正面思考，全力以赴地積極面對問題，如此才能掌
控局面，替自己創造有利條件，化危機為轉機！

選 **D**：你的意志力經常因為個人的得失心而搖擺不定，有時過於
在乎成敗的結果，導致你處理事情時會被過去的失敗經驗影響，與此同
時，你也容易被別人的意見牽著鼻子走，不夠堅持自己的想法，或是做出
錯誤的判斷。建議你適度調整自己追求成功的心態，不要急於求成而慌不
擇路，也不要因為一次失敗便失去信心，動不動就變得草木皆兵，有時思
考失敗帶來的意義與價值，從中提煉出有益於成功的養分，才能幫助你理
智又穩健地踏出每一步！

2-3
不可錯過的味覺嗅覺訓練！

你是否有過一種經驗，相同的飯菜、相同的饑餓程度，如果是和朋友家人一起歡聚吃飯，將比獨自一人進食更能感受到食物的美味？但為什麼與別人和樂融融一起吃飯，我們會覺得食物更鮮美、心情更愉快呢？難道這是想像力的作用嗎？事實上，在進食過程中，舌神經、嗅覺神經連接著大腦與其他的感官領域，唯有當各種感官系統協調運作時，人們的生理與心理才能獲得極大的滿足感。

正如享用美食時，視覺、味覺、嗅覺加上愉快心情，就能讓人食指大動，進而在品嚐了眼前的食物後獲得幸福感，並且由衷感到新奇、興奮、感動，思維也特別活躍，不過很多人經常忽略了一件事：品嚐美食所帶來的身心雙重滿足感，其實少不了意志力的作用！只有當你把注意力集中在味覺與嗅覺上，才能真正品嚐出食物的口感。

不少人都以為靠著舌頭品嚐出食物滋味很簡單，但是味覺實驗卻推翻了這樣的認知。心理學家發現，在遮蔽試驗者的嗅覺與視覺之後，他們在聞不到食物氣味、看不到食物外觀的狀態下，就算品嚐了冷熱相同的食物，也無法藉由味覺區分出自己到底品嚐了什麼。由於人類對很多食物的識別特徵來自氣味，而任何一種氣味都是經驗感受長期累積的結果，它的形成有一定的複雜性，通常是在視覺、嗅覺、味覺、神經感覺的共同作用下完成，並在腦海中形成深刻的印象，其中味覺的重要性遠比想像中要小得多，因此一旦嗅覺失靈，聞不到食物氣味，僅僅依靠味覺，人們

很可能連茶水和咖啡都難以準確區分。換言之，嗅覺失去作用，通常味覺也會跟著變差，例如感冒鼻塞時，很多人因為聞不到氣味，連帶地，吃東西也幾乎吃不出味道，而被美國品酒師協會（American Sommelier Association）譽為擁有犀利味覺的品酒師阿托朗諾（Charlie Arturaola）更曾因為味覺喪失讓身心飽受折磨，電影《葡萄酒之路 The Ways of Wine》便是講述他努力找回味覺的人生真實故事。

味覺實驗告訴我們一件事，對於味道的完整觀感，必須要有嗅覺與味覺的相互結合才行得通，而對美食家、廚師、茶評師、品酒師，以及其他需要依靠味覺與嗅覺工作的人來說，提升味覺與嗅覺的敏銳度訓練同等重要，往往在訓練過程中，他們必須全神貫注於自己的味覺系統或嗅覺系統，加強意志力對感覺神經的控制，同時還要發揮分析能力做出判斷，無形中，意志力也隨之強化。這意味著透過訓練味覺能力與嗅覺能力，不僅能提高感官能力的敏銳度，也能逐步增強專注力與意志力，這也正是意志力訓練包含了味覺訓練與嗅覺訓練的緣故。

所謂「民以食為天」，每個人天天都在運用味覺能力與嗅覺能力，如果你熱愛美食佳釀，又希望提升意志力，味覺訓練與嗅覺訓練將會是令人愉快的訓練體驗。

六種味覺訓練法增強意志力

曾經試圖減肥的人，大多曾苦惱於吃與不吃、怎麼吃、吃多少的問題，不少人更曾因為無法抵抗食物的誘惑而大吃特吃，事後大嘆自己的減肥意志不夠堅定，對於食物的愛又太過於強大。現今台灣醫界提出了「味覺智能」的創新概念，提倡強化味覺感知能力，以吃得飽、吃得美味、增加進食滿足感的方式，達到健康減重、身心滿足的目標。所謂的味覺智能，是

指味覺的敏銳度、辨識力、記憶力、聯想力等相關能力，當透過訓練強化味覺能力後，不僅能仔細品嚐出食物的美味，也能快速滿足味覺與心理所需要的愉悅幸福感，一旦身心感到滿足，自然就減少狂吃零食、暴飲暴食的衝動慾望，體重與健康也隨之獲得漂亮控制，而意志力訓練中的味覺訓練也與其有異曲同工之妙！

🎯 Do it！你可以這樣做！

　　以下我們提供基礎的味覺訓練方式做為參考，它將能幫助你提升味覺能力，增強意志力，同時提高你的自控能力。

方法一、刺激訓練法

訓練步驟 1： 找尋一些有刺激性氣味的食物，用舌頭稍稍接觸一下，仔細感受它們嚐起來的味道如何？例如甜、鹹、酸、苦、澀、麻、辣等等。如果可以，盡可能描述你所感受到的一切，並且做成記錄。

訓練步驟 2： 每天用不同的食物進行練習，持續十天，十天後，看看自己的味覺敏銳度是否有所提高。

方法二、味蕾訓練法

訓練步驟 1： 摀住自己的鼻子阻隔嗅覺，然後以舌頭接觸一下有刺激性氣味的食物，問問自己感覺到了什麼樣的味道？而那個味道是真實的嗎？

訓練步驟 2： 每天用不同的食物進行練習，持續十天，十天後，檢視自己的味覺能力是否有所提高。

方法三、胡椒訓練法

訓練步驟 1：把一點點胡椒放在舌頭上，感受它特有的味道，然後再把其他刺激舌頭的食物放在舌頭上品嚐。記下它們給你的感覺，並且研究它們之間的區別。

訓練步驟 2：每天堅持這樣的練習，持續十天，十天後，看看自己的味覺能力與專注力是否有所提升。

方法四、口感區分訓練法

訓練步驟 1：將一點點白糖輕撒在舌頭上，仔細分辨你是先感受到糖粒本身的順滑感，還是先感受到甜甜的味道？然後把你的感受記錄下來。

訓練步驟 2：每天用能讓舌頭有不同感受的食物進行練習，持續十天，十天後，按照記錄檢視自己的味覺敏銳度是否提高。

方法五、記憶想像訓練法

訓練步驟 1：憑藉你的想像，回憶某些食物的味道，例如紅糖、柑橘、洋蔥、咖哩等等，想像得越細緻逼真越好。

訓練步驟 2：自我分析在這些食物中，你對哪種食物的印象相較下更加深刻一點？它們帶給你什麼樣的情緒感受？這些回憶中的味道又是在你的腦海裡，還是在你的舌頭上？然後將注意力全部集中到你的舌頭上，只回憶舌頭上曾留下的深刻感受。

訓練步驟 3：每天重複這樣的練習，持續十天，十天後，看看你的味覺能力、想像力、記憶力是否有變好。

方法六、探索比較訓練法

訓練步驟 1： 找出六種氣味芳香的食物、六種美味可口的食物，並將它們一對一的組合起來，然後取其中一對，試著比較它們的氣味和口感，看看有哪些相同之處和相異之處，記得每一個組合都要進行這樣的對比。

訓練步驟 2： 各組對比後，找出讓你印象最為深刻的氣味和口感，並且想想看為什麼你會產生這樣的感覺？

訓練步驟 3： 堅持每天做這樣的練習，持續十天，十天後，檢視自己的味覺能力、分析力、判斷力是否有所提高。

 ## 善用六種嗅覺訓練法，強化你的意志控制力

當你聞到花香四溢時，是否感到身心愜意？當你聞到麵包香氣又是否會有飢餓感？人類嗅覺引發身心反應的過程十分奇妙，尤其因為嗅覺而產生的記憶通常非常難忘，原因是嗅覺把味道訊息傳送到腦部嗅覺皮層與相關部位後，涉及情緒性行為與記憶的部位會發揮功能，所以日後聞到某些氣味時，我們就能回想起與這些氣味有關的記憶。

好比曾有房仲員事先在房子裡用烤箱烤餅乾，等到帶著準備買房的新婚夫妻前來看屋時，房仲員會一邊拿出餅乾請客戶享用，一邊介紹說：「原屋主很重視家庭親子關係，經常在家烤餅乾給小朋友吃。其實這種屋子的坪數很適合小家庭，室內設計風格也是走溫馨路線，尤其小孩房設計得特別用心。」在餅乾香氣、溫馨氣氛與房仲員有意的引導下，前來看屋的客戶多半會設想日後在屋內生活的情景，回頭再次看屋的機率也提高不少。

在日常生活中，利用嗅覺原理的例子非常多，許多嗅覺靈敏的人往往

能對氣味做出快速反應」而嗅覺能力經過訓練後，不僅嗅覺能變得更加敏銳，思維能力與意志力也可以隨之提高，以下我們提供嗅覺訓練的方式做為參考，它將能幫助你運用意志力控制嗅覺神經，達到提高嗅覺能力與意志力的目的。

◎ Do it！你可以這樣做！

方法一、嗅覺回憶訓練法

訓練步驟 1： 準備兩朵不同品種但散發香氣的花，然後先取其中一朵花嗅聞幾秒，隨後到一個聞不到花香的地方，回憶你剛才聞到的花香，之後再取另外一朵不同的花，重複先前的練習。前後的練習要有一定的時間間隔，否則它們的香氣很容易造成你的嗅覺混淆。此外，你不一定要利用鮮花當作練習道具，也可以選擇不同香味的香水、肥皂、薰香包或其他物品進行訓練。

訓練步驟 2： 每天堅持這樣的練習，持續十天以上，中間可以適當地休息。長期堅持下去，你一定會發現自己的嗅覺越來越靈敏，頭腦回憶和描述事物的能力也逐漸增強了。練習時要提醒自己：把強大的意志力集中在嗅覺上。

方法二、比較訓練法

訓練步驟 1： 準備兩種不同品種的花朵，按照次序嗅聞兩朵花的氣味，嗅聞之後，輪流回憶兩朵花的香味，並且比較一下它們的香味，試著找出相同或不同之處，當然了，你也可以從日常用品中找出散發不同香味的物品進行練習。

訓練步驟 2： 每天堅持這樣的練習，持續十天，十天後，檢視自己的嗅覺

辨識力是否有進步。

方法三、嗅覺雷達訓練法

訓練步驟 1：調整自己的呼吸，努力感受身邊周圍的一切氣味，並且找出各種氣味的來源。你可以讓人在房間裡藏一些有香氣的物品，例如一顆蘋果或是一瓶香水，不過前提是房間裡沒有其他濃烈的氣味。事先你最好不要知道有哪些東西會被藏起來，在進入房間後，盡可能依靠嗅覺去找出所藏的物品。

訓練步驟 2：每天堅持這樣的練習，持續十天，十天後，看看自己的嗅覺靈敏度是否有所提升。

方法四、尋香訓練法

訓練步驟 1：找一個人幫忙你進行練習，讓他手上拿著有香氣的物品，而且事先不對你透露任何線索。請他雙手完全覆蓋住物品，然後從離你較遠的地方緩緩朝你走近，當你開始聞到氣味的時候，記錄下物品與你之間的距離，與此同時，努力辨別是什麼物品發出的氣味？看看答案揭曉後，你是否做出了正確判斷。

訓練步驟 2：每天以不同的物品重複這樣的練習，在練習的時候，你可能注意到有些物品的氣味更容易被察覺，試著思考那是因為不同的物品的氣味濃度不同，還是物品本身的特性所造成的？每天重複這樣的練習，持續十天，十天後，檢視自己的嗅覺靈敏度、判斷力、專注力是否提升。

方法五、聯想描述訓練法

訓練步驟 1：當你嗅聞到某些氣味時，很可能就會留下記憶，試著描述它

們、想像它們，做出聯想。例如將花香、森林氣味、咖啡香等等能讓你感到愉悅的氣息，逐一想像成抽象事物，好比青草的氣味想像成詩人的美麗詩句，或是聯想到草地上嬉戲的小孩。

訓練步驟 2： 這樣的訓練可以隨時進行，在練習過程中，你的嗅覺能力、想像力、注意力、觀察力會有所提升，與此同時，意志力也逐漸被強化，一旦養成習慣後，你對周圍環境的察覺反應將變得更為敏銳。

意志力訓練法則

牢記六大要點，
確保自己做事時具備意志力與持續力

1. 做事前，一定要考慮自己將會為此付出何種代價。
2. 在內心不斷地重複自己的目標和決定。
3. 不要沉溺於對困難的憂慮之中。
4. 將目標拉到距離自己最近的地方，並且經常銘記它。
5. 在追求目標的過程中，盡可能保持充沛的熱情與精力，毫不鬆懈。
6. 把計畫的每一步都看作是一個目標，以行動去完成它。

2-4
利用觸覺訓練摸出意志力

　　你在購買衣物時是否習慣伸手觸摸布料，以便確定它們的質感自己是否喜歡？當你與親友擁抱、與情人牽手時，內心是否感到幸福與溫暖？在外奔波一整天後，你是不是覺得回家洗個熱水澡、按摩一下，身心就能舒爽愜意？其實這一切都與我們的觸覺感知有關連。

　　人類的感官中，觸覺是人體分佈範圍最廣大的感覺系統，透過觸覺的辨識能力，我們能夠判斷外界事物的軟硬、冷熱、粗糙滑順，與此同時，觸覺感受也同步影響著身心反應，最明顯的例子，就是小朋友不安或恐懼時會尋求大人的擁抱，希望透過肌膚的溫熱觸感獲得安全感。觸覺是人們受到外界事物刺激後的直接感受，而儘管觸摸、輕拍、按揉的動作看似簡單，但觸覺能力的強弱卻與注意力的集中狀況密不可分。

　　舉例來說，在日常生活中，當我們把注意力放在其他地方時，通常不會感覺到衣服的重量，不過一旦把將注意力集中於觸覺上，就能充分地感受到衣服的質感與重量，假如衣服不合身或者被水弄濕了，我們的身體和心理便會感到不自在。又好比有些人打麻將時不用看牌，只要把注意力集中在手部觸覺上，就可以用手指摸出牌面花色。事實上，人們的皮膚、頭部、臉部、嘴唇、舌頭和手腳等部位，都分佈有觸覺感受器，其中又以手指的分佈密度最高，若是經由手部的觸覺訓練，不僅觸覺能力可以更強化，專注力與意志力也將同時有效鍛鍊。

八種觸覺訓練法開發指尖上的意志力！

　　以下我們提供八種觸覺訓練的方式，讓你動一動手指頭，幫助自己「摸出」意志力！

Do it！你可以這樣做！

方法一、十指連心訓練法

訓練步驟 1： 右手的每根手指頭依次摸過粗糙和光滑的物品表面，仔細感受粗糙和光滑表面給予手指的不同觸感，然後再以左手重複練習一次。練習時盡量集中注意力，專注地用心感受，仔細辨別物品給予你的不同感受，與此同時，比較一下哪根手指、哪隻手的觸覺感知更為敏銳？

訓練步驟 2： 每天嘗試在不同物品的表面進行練習，持續十天後，觀察一下自己的觸覺敏感度是否有所提升。

方法二、衣料觸感訓練法

訓練步驟 1： 從你的衣櫃中挑選出不同布料的衣服進行練習，例如麻布、棉布、絲織品等等，然後以左右手輪流觸摸它們，練習時，保持專注，努力感受每種衣料的質地和觸感，並且記錄下每種布料給予你的感受。

訓練步驟 2： 每天重複這樣的練習，持續十天，十天後，觀察一下自己的觸覺敏感度、感知程度是否有所提升，又是否可以只利用觸覺就辨識出特定的布料。

方法三、按壓訓練法

訓練步驟 1： 右手的每根手指輪流輕觸桌子的表面，碰觸時，手指稍微施

力，感受一下輕觸和重壓的觸感有什麼區別，然後再以左手
重複練習一次。

訓練步驟 2： 每天重複這樣的練習，持續十天。十天後，檢視一下自己的
觸覺分辨能力是否有變強。

方法四、握球訓練法

訓練步驟 1： 用手抓握具有彈跳性的球體，例如網球或乒乓球，抓握後就
輕輕鬆手，讓球落在地上，緊接著再抓握它、再鬆手，過程
中，感覺一下手指能否在瞬間就感知到球的觸感？每一次抓
球時，觸覺上又有什麼不同？進行這樣的練習時，一定要集
中注意力，盡可能將所有的意志集中於手上。

訓練步驟 2： 每天堅持這樣的練習，持續十天，十天後，看看自己的觸覺、
判斷能力、注意力是否有所提高。

方法五、指尖負重訓練法

訓練步驟 1： 眼睛凝視你的任意一隻手臂，然後將中指和食指交叉，再把
一支鉛筆置於兩手指指尖的中間，通過手指感覺一下指尖的
鉛筆重量，隨後閉上眼睛，再感受一下鉛筆是一支還是兩
支？如果你不是很確定，那麼是眼睛睜開時強烈，還是眼睛
閉合時強烈？想一想為什麼會有這樣的感覺？

訓練步驟 2： 每天堅持做這樣的練習，持續十天，十天後，檢視自己的觸覺、
判斷能力、注意力是否有提升。

方法六、觸覺測量訓練法

訓練步驟 1： 先將幾件物品隨意地放在桌子上，然後閉上眼睛，以右手依
次觸摸每件物品，並且估算一下每件物品之間的大致距離，

記得不要以手掌或手指做為測量工具，等到右手探測完畢後，改以左手重複這樣的練習，最後分析一下，自己哪隻手的判斷力更為準確？

訓練步驟 2：每天堅持進行這樣的練習，持續十天，十天後，檢視自己的觸覺、判斷能力是否有進步。

方法七、重量感知訓練法

訓練步驟 1：準備一些圓形物品，不限質地，只要物品的大小與重量相差不大就可以，例如有兩件物品是 30 公克重、有兩件物品是 45 公克重、有兩件是 60 公克重，以此類推，直到湊齊十二件物品為止，記得把每件物品的重量標記在物品上。

訓練步驟 2：把所有物品隨意地放在桌子上，閉上眼睛，從桌子上隨意地抓取一樣物品，憑著感覺判斷它的重量，左右手都嘗試一下，然後張開眼確定自己是否判斷正確。隨後，再度閉上眼睛，兩隻手同時各抓取一樣物品，用手感估測哪一邊的物品比較重，然後張開眼睛確定自己是否判斷正確。

訓練步驟 3：每天堅持進行這樣的練習，持續十天，十天後，看看自己的觸覺感知與判斷能力是否有所提高。

方法八、觸覺想像訓練法

訓練步驟 1：將一些有稜有角的小物品隨意放在桌上，閉上眼睛，任意抓取一樣物品，仔細地觸摸它，並在腦海裡形成它的大致輪廓，觸摸時一定要留意物品的面、線、角，然後睜開眼，觀察一下真實的物品與自己想像中的樣子有何差別。

訓練步驟 2：每天堅持進行這樣的練習，持續十天，十天後，檢視自己的觸覺、判斷能力、想像力是否有所進步。

意志力訓練法則

不急不躁，堅持練習！

美國思想家愛默生（Ralph Waldo Emerson）曾說：「訓練是形成習慣的基本方法，一匹經常拉車的馬將遠勝於品種優良卻缺乏鍛鍊的馬。」我們要用行動來培養意志力，只要能落實持續每天做，一切就會變得不一樣了。進行意志力訓練時，持續性的練習能讓我們培養出堅持不懈的毅力，相對的，堅持不懈的毅力也能夠促使意志力有效提升，這意味著我們雖然應將強化意志力當成終極目標，但在每一次的訓練過程中，你不必因為沒有達到訓練要求而沮喪，也不應抱持著練習要能立即見效的急躁心理，你只要記得堅持練習，每天做！

2-5
控制是引導，而不是束縛

　　為什麼有的資質、學歷跟你差不多，後來的人生卻變得有錢又有閒。因他們不斷努力，懂得自我管理，擁有良好的習慣，有很強的意志力，能控制自己內心的衝突與矛盾，能約束自己的言行和情緒。例如：他能夠在你逛網站、滑手機玩遊戲的時候，去上線上英語課程，去進修，去研究理財；在你還在賴床睡懶覺的時候，他能早起跑步健身；在你大吃大喝盡情吃宵夜的時候；他能控制飲食，不熬夜，形成良好的生活作息……時間一久，他就與你拉開了距離，成了物質和時間上的富人。不是有句話說，你連自己的體重都控制不了，你如何能控制人生呢？那些在體重控制方面成功的人，在生活的其他方面是不是也容易獲得成功？我相信那些能夠控制住自己體重的人，通常都有良好的習慣與強大的意志力與自控能力，堅持不懈地朝著某一個目標邁進。好身材的背後，極可能是他或她十幾年如一日地控制飲食、按時運動、徹底落實規律的作息。這反映了一個人的自我約束、自制的能力。

　　客觀地說，我們每個人的身上都或多或少地有一些壞習慣，比如拖延。經常聽到有人這樣說：「我明知道該去做這件事，但就是遲遲拖著不做，總要等到最後關頭才去做，而急就章往往容易出錯。之後我會告訴自己，下次絕不能再拖延了，可下次還是一樣。因此，我常常自責，責怪自己的自我控制的意志力實在太差了！」

　　這可能是很多人都難以克服的一個習慣。有些事明知道應該去做，但

卻遲遲不肯做；有些事明知道不該做，但還是做了。

例如，我們可能曾多次告訴自己：晚上下班回家後少看電視，留出點時間看書，可打開電視後，即使沒什麼好節目，也要手拿遙控器來回換台，結果幾個小時轉眼就過去了，不知不覺就到了該睡覺的時間。於是，我們只好帶著內疚和明天一定不能看電視的決心睡覺了。

但是，第二天我們仍然會重複這種行為。久而久之，我們甚至沒有信心再去制訂「少看電視」這個看似根本無法實現的目標了，因為感覺自己控制意志的能力實在太差了！

自控力差之所以會成為很多人的一塊「心病」而難以得到解決，其原因往往就在於對「自控力」這個詞的理解上。我們知道，「自控力」的意思是「自己控制自己」，具體說就是「自己的一部分要控制自己的另一部分」；再具體點說就是「想做一件事的部分要控制不想做的那個部分」。

當我們說到「控制」時，更多的是針對我們的對立面來說的。我們想發生改變卻總不成功，就是由於我們常常將需要改變的部分看作一個缺點，將它當成一個敵人。面對敵人時，我們首先所採取的措施就是打敗他。如果不能打敗他，我們就會採取逃避或退縮的辦法。但是，這股能量並不會因為你的逃避或退縮而消失，它仍然會影響和控制著你。

例如，你本來想專心看書，但注意力卻被周圍的雜訊分散了，於是你開始尋找雜訊的來源。本來是打算專心的，結果卻分心了。所以，你的一部分心思又開始抗拒這種分心，內心也開始鬥爭起來，看書的事情自然就泡湯了。

其實，這種抗拒就是在浪費自己的精力，是不可取的。因為你壓制得越厲害，就會發現自己越難以集中精力看書。這就是我們以前總想改變

某些習慣，卻總也改變不了的原因。

「控制」並不是束縛、壓制，而是引導

事實上，**真正的改變來自於接納和引導，而不是排斥和控制**。也就是說，我們應該面對需要改變的部分，將它當作朋友而非敵人來看待。生命之中的任何部分，包括缺點，只要存在，就肯定有存在的價值，任何部分的存在都是為了讓我們的人生更快樂。比如，憤怒是為了提醒我們要維護自己的權益，恐懼是為了讓我們免受傷害……當我們發現生命中的每個部分的存在都是合理的時候，我們就會帶著豁達的心態去面對缺點，並開始去正視、瞭解它們，甚至逐漸消化它們。

一位心理學家勸告找他諮詢的人說：「如果你不能很快改正缺點，那就不要強行壓制這些缺點。可以在一張紙上畫四個格子，然後在上面填寫這些缺點會帶給你哪些短期和長期的損失和收穫。」

比如，你打算戒煙，就在上面的兩格內填上短期損失──「我一開始會感到很難過」和短期收穫──「我可以省下一筆錢」，在下面的兩格內填寫長期收穫──「我的身體將變得更健康」和長期損失──「我將失去一種排憂解悶的方法」。

通過這樣正視、接納和仔細比較，聚集起來的戒煙意志力反而更強大了，戒煙的效果也比強行壓制更明顯。

所以說，自控力中的「控」並不是束縛、壓制，而是引導的意思。一再壓制自己的真實想法、真實感受，看起來似乎很堅強、很了不起，但實際上，那不是「自控」，而是自虐，甚至遲早會被「憋」出病來。

🎯 Do it！你可以這樣做！

一、從簡單的小目標做起

　　設定過高、過大的目標，反而不容易一下子達成，最終導致目標失敗，不僅打擊了我們的積極度，自控力也無法得到提升。因此，當我們對某個目標猶豫不決，或正處於缺乏自控力的階段時，應該從設立簡單、明確、切實可行的目標開始，從最簡單的事情做起。當我們專注於完成那些最簡單的事情時，就會引發一股強大的能量，這證明我們的內心已經開始行動了。而開始行動後，我們的身體也會產生一股慣性，從而自然而然地堅持下去。這與火車啟動的原理是一樣的，要啟動火車，剛開始要費很大的力氣，但一旦啟動後，靠其自身的慣性就可以行駛下去。

　　◇ 把近期想要實現的目標統統寫在一張紙上，這些目標可以包括很多方面，如升職、旅行、考試，甚至是逛街或泡溫泉等，並依照目標的重要性在紙上劃分區域，將簡單的目標放在前面，較為複雜的放在後面，整張紙都是由這些區域大小不同的目標群組成。

　　◇ 找一張完整的圖畫或海報，尺寸與你寫滿目標的紙張相同（可以先找圖畫或海報，再找白紙寫上你的目標）。

　　◇ 將完整的圖畫或海報貼在牆上，再將你的每一個目標用剪刀剪開後，採取拼圖的方式，用雙面膠黏在圖畫或海報上。

　　◇ 從最簡單的目標開始行動，每實現一個目標，就將目標紙片拿下來，露出彩色的圖片，直到最後目標全部實現，露出完整的畫面。

二、失敗時適當轉移情緒

　　無論做什麼事，都有可能遭遇失敗。我們在自控力受到挑戰時，更容易產生煩惱、苦悶的情緒。這時，一定不要強迫自己繼續毫不放鬆地做這件事，不妨先將注意力轉移到其他方面去，讓自己的焦慮情緒適當緩解一下，等到心情重新恢復平靜和穩定後，再繼續去努力完成目標。以下幾個

方法，都是非常有效的自我控制法。

◇ 心情不好時，可以走出去，到外面逛一逛，去野外轉一轉，呼吸一下新鮮的空氣，或許能讓你的思路開闊，問題也會更容易解決。

◇ 閉上眼睛，暫時離開眼前讓你煩惱的事情，試著去想像一些恬靜美好的景物，如藍色的海水、金黃色的沙灘、藍天白雲等，讓自己焦慮的心情漸漸平復下來。

◇ 將注意力轉移到你感興趣的事情上來，如看電視、看電影、讀書、運動等，這些讓人感到輕鬆的事情能夠在很大程度上轉移你的注意力，不僅能有效防止不良情緒的蔓延，還能藉由參與自己喜歡的事情而讓自己更積極、正面。

 心理測試 **你的自控力有多強？**

　　下列各題中，每道題有 5 個備選答案，請根據你的實際情況，選擇出最適合你的答案。

1. 我很喜歡馬拉松、健行、爬山等體育運動，但並不就因為我的身體條件適合這些項目，而是因為這些運動項目可以鍛鍊我的身體和毅力。

　　A·很符合自己的情況，我喜歡透過這些極限運動來鍛鍊耐力和毅力。

　　B·比較符合自己的情況，我也會選擇一些適合自己的運動項目進行鍛鍊。

　　C·介於符合與不符合之間，偶爾會進行一些運動鍛鍊。

　　D·不太符合自己的情況，對這些運動不太喜歡，幾乎不會選擇。

　　E·很不符合自己的情況，從不選擇這些運動項目。

2. 我給自己制訂的計畫，不會因為個人主觀原因而不能如期完成。

　　A·很符合自己的情況，從來不會半途而廢，一定要完成才行。

　　B·比較符合自己的情況，大多數情況下都能如期完成。

　　C·介於符合與不符合之間，不一定，要看具體情況。

　　D·不太符合自己的情況，但一些簡單的計畫也能堅持。

　　E·很不符合自己的情況，經常是半途而廢。

3. 我做一件事的積極性主要取決於這件事即該做或不該做;而不在於我對這件事想做或不想做?

A‧很符合自己的情況,事情重要,不能由著自己的喜好來。

B‧比較符合自己的情況,但偶爾也會任性,不喜歡的就不做。

C‧介於符合與不符合之間,有時看事情的重要性,有時看自己的喜好。

D‧不太符合自己的情況,沒興趣時,做起來積極度也不高。

E‧很不符合自己的情況,如果不想做,即使應該去做,也一定不會去做。

4. 通常來說,我每天都按時起床,不賴床。

A‧很符合自己的情況,絕對有毅力。

B‧比較符合自己的情況,大多數情況下都能做到。

C‧介於符合與不符合之間,不會刻意要求自己。

D‧不太符合自己的情況,賴床的時候比較多一些。

E‧很不符合自己的情況,即使知道該起床,也經常睡懶覺。

5. 在工作和個人休閒活動撞在一起時,即使是我很想去的休閒活動,我也會以工作為優先。

Ａ·很符合自己的情況，絕不會讓個人休閒活動影響工作。

Ｂ·比較符合自己的情況，大多數情況下能夠拒絕玩樂的誘惑。

Ｃ·介於符合與不符合之間，有時也會因為休閒活動而放棄工作。

Ｄ·不太符合自己的情況，工作還是不如娛玩樂有吸引力。

Ｅ·很不符合自己的情況，經常放棄工作去玩樂。

6. 我在學習和工作中遇到困難，首先想到的不是問別人有什麼好辦法，而是先積極主動自己想辦法。

Ａ·很符合自己的情況，從來都是自己想辦法解決。

Ｂ·比較符合自己的情況，能自己解決的，儘量自己解決。

Ｃ·介於符合與不符合之間，有時會自己想辦法，有時也會向他人尋求幫助。

Ｄ·不太符合自己的情況，很少會自己想辦法。

Ｅ·很不符合自己的情況，覺得求助別人省時省力。

7. 我做事時喜歡挑容易的先做，不好做的能拖就拖，實在拖不得，就抓緊時間草草做完，所以別人都不太放心讓我做難度較高的工作。

Ａ·很不符合自己的情況，我從不拖拉，每次都會抓緊時間，按時完成，很得別人的信任。

  B‧不太符合自己的情況，儘量抓緊時間完成，即使拖延，也不會拖很久。

  C‧介於符合與不符合之間，難度太大的事也會拖拉。

  D‧比較符合自己的情況，只有自己很感興趣的事會按時完成。

  E‧很符合自己的情況，經常拖拉。

8. 我在與同事、家人、朋友相處時，都會非常自律，從不會無緣無故地發脾氣。

  A‧很符合自己的情況，即使對方很無理取鬧，我也能夠忍耐。

  B‧比較符合自己的情況，實在忍不住時，才會發作。

  C‧介於符合與不符合之間，也要看當時的心情。

  D‧不太符合自己的情況，不會刻意忍耐，忍不住就發作。

  E‧很不符合自己的情況，有情緒就要馬上發洩出來。

9. 有時我躺在床上，下決心第二天要做一件重要的事，但隔天一起床，那股幹勁又消失了。

  A‧很不符合自己的情況，只要決定了，第二天就一定會去做。

  B‧不太符合自己的情況，有時也能馬上行動。

  C‧介於符合與不符合之間，如果是自己喜歡的事，就會嘗試著去做。

D‧比較符合自己的情況，只有自己特別想完成的事，才會去做。

E‧很符合自己的情況，凡事通常都是想想而已，缺乏行動力。

10. 與別人爭吵時，我有時雖然明知自己不對，但卻還是會控制不了自己說了過分的話，甚至罵對方幾句。

　　A‧很不符合自己的情況，自己不對時，就會馬上向對方道歉，而不是向對方發火。

　　B‧不太符合自己的情況，如果知道自己不對，就儘量忍耐，不與對方撕破臉。

　　C‧介於符合與不符合之間，有時會說幾句過分的話，但如果是自己不對，可以忍耐。

　　D‧比較符合自己的情況，也要看當時的情況，實在忍不住時，就會發作。

　　E‧很符合自己的情況，經常會有這樣的事情發生在我身上。

　　計分方法：A 記 5 分；B 記 4 分；C 記 3 分；D 記 2 分；E 記 1 分。各題得分相加，得出總分。

測試結果：

40 分以上：

你是一個自控力很強的人，知道自己應該做什麼，不應該做什麼。只要是應該做的，你都會要求自己盡最大努力去完成；如果是不應該做的，即使是一件很有吸引力的事情，你也會克制自己。強大的自控力，讓你擁有出色的工作能力和良好的人際關係。

30 ～ 40 分：

你是一個自控力比較強的人，但還需繼續努力。你的自控力在一定程度上會給你帶來很多機會，但仍要經常提醒自己，其實你還可以做得更好。

20 ～ 30 分：

你的自控力一般，需要加強鍛鍊。有時也會出現拖拉懶散、隨心所欲的情況，應努力提醒自己克服。

10 ～ 20 分：

你的自控力較弱，應該進行系統的訓練和提升。較差的自控力會讓你失去很多成功的機會，而透過系統的訓練和提升，你的自控力還有很大的進步空間。

10 分以下：

你的自控力十分薄弱，經常不能控制自己的情緒和行為，這顯然對自己的工作和成長都是不利的，建議你盡快尋找有效方法，加強一下。

2-6
挑戰意志力疲憊期，讓意志力成倍提高

也許你會覺得有些不可思議，意志力也有疲憊期嗎？的確如此，研究表明，意志力是一種有限的資源。當你下意識地抑制自己的衝動、思想，下意識地做出決定、抵制誘惑，對一切都全力以赴時，你就會逐漸感到疲憊。這種疲憊，其實就是意志力的疲憊。如果意志力繼續消耗，一旦耗盡，你就無法再積蓄下一階段所需要的意志力了。

幸運的是，意志力雖然會疲憊，但卻不是不可恢復。研究者認為，只要你願意，你就會有意志力。

一個名叫布朗丁的走鋼絲的雜技演員，講述了發生在他身上的一件事：「有一天，我簽訂了一個協定，要在指定的一天表演沿著鋼絲推一輛手推車。那是在我腰痛病發作的前兩天簽訂的。我感覺自己開始腰痛後，就將醫生請來，告訴他必須在某一天前把我的腰痛治好。否則，我不只會失去我應掙得的錢，還會被罰一筆巨款。但是，我的病情並不見好轉，表演前的最後一個晚上，醫生強烈地反對我第二天去走鋼絲。第二天早晨，我的病情仍然沒有好轉，醫生禁止我下床。

我對他說：『如果你不能把我治好，我為什麼要聽從你的意見？』於是，當我趕到表演現場時，醫生也趕到了那裡，仍然力勸我不要表演，說我的身體狀況不適合參加表演。但我還是上場了，儘管直到走鋼絲的前一分鐘我的腰還很疼。我準備好了平衡桿和手推車，握住車的把手，推著車沿著鋼索前進。結果，這次表演與以往的任何一次表演一樣，很順利。我

把手推車推到另一端後，又將它沿著繩子推了回來。

但當這一切結束時，我馬上又腰痛難忍了。是什麼使我在犯腰痛病的情況下完成了走鋼絲的表演？答案就是我的意志力。」

一個人擁有強大的意志力意味著：他通過意志力本身、通過自己的身體或通過其他的事物，能夠利用巨大的內在能量來達到預定目的。就像愛默生所說的，意志力是「鼓舞士氣、振奮人心的衝勁」。

很多時候，我們總是一感到疲勞就想要放棄。這是因為，當我們感到疲勞時，意志力也會薄弱，這會令我們放棄很多本來已經計畫好的事情，比如，將本該馬上完成的事情拖到第二天，選擇叫外賣而不是做一頓健康的晚餐。可以肯定地說，生活中的種種需要的確會耗盡我們的意志力，我們也不可能要求一個人具有完美的自控力。

但是，如果我們能在意志力感到疲勞時不放棄，嘗試挑戰自己，努力再給自己一次激勵，挺過第一次疲憊期，就會發現，意志力反而比之前增強許多，我們也對自己的目標有了更多追求的動力。

不過，要成功挑戰意志力的疲憊期並不是一件容易的事，它要求人們能夠在人生的轉捩點堅持下來。要做到這一點，你需要運用以下的幾種方法。

◎ Do it！你可以這樣做！

❶ 挖掘「我想要」的力量

當發現自己的意志力開始疲憊甚至告急時，立即挖掘自己潛意識中「我想要」的力量，讓自己恢復能量。

◇ 問一問自己，如果這一次堅持下來，我將會獲得什麼？我是否會更健康、

更幸福、更自由，或者更成功？

◇ 鼓勵自己。如果現在決心克服某個困難，那麼一段時間後，這個困難就
會變得容易，自己的生活也會獲得很大的進步。

◇ 當發現某一目標是你最想實現的目標時，就用這個目標鼓勵自己，因為
它是在你脆弱時給予你動力的東西。每當你面對誘惑、想要放棄時，就
想一想這個東西。

❷ 用冥想呼吸提升意志力

冥想呼吸不但能訓練我們的大腦，還能緩解我們的意志力疲憊現象，
減輕我們的壓力，指導我們的大腦處理內在的干擾（如衝動、擔憂、欲
望）和外在的誘惑（如聲音、畫面等）。研究表明，5 分鐘的冥想呼吸有
助於 我們提升意志力。

◇ 坐在椅子上，雙腳平放在地面上，或雙腿盤坐在墊子上；背部挺直，雙
手放在膝蓋上，保持安靜。

◇ 閉上眼睛，調整呼吸。吸氣時，在腦海中默念「吸」，呼氣時則在 腦海
中默念「呼」。當發現自己走神時，馬上將自己的注意力拉回來，重新
集中在呼吸中。

◇ 幾分鐘後，可以不用再默念「呼」字和「吸」字了，嘗試專注於呼吸本身，
你會體會到空氣從鼻子和嘴進入和呼出的感覺，體會到吸氣時胸腹部的
擴張和呼氣時胸腹部的收縮。

◇ 剛開始時，每天練習 5 分鐘即可。習慣成自然後，再試著每天練習 10
～ 15 分鐘。如果覺得有負擔，就減少到 5 分鐘，不要將比較長時間的
訓練拖延到第二天。這樣，你就能每天有比較固定的時間進行冥想，從
而舒緩意志力疲憊現象。

❸ 用「綠色鍛鍊」增強意志力

所謂「綠色鍛鍊」，指的是所有能讓你走出戶外，回到大自然中的活
動。科學家研究認為，5 分鐘的「綠色鍛鍊」就可以減緩壓力，改善心情，

提高注意力，增強自控力。而且，短時間的爆發可能比長時間的高強度鍛鍊更有效。一些低強度的鍛鍊，如散步，通常比高強度的訓練更有效果。以下是「綠色鍛鍊」可以嘗試的活動。

◇ 離開你的房間，找到最近的一片綠色空間，去呼吸一下新鮮的空氣，做一些簡單的伸展活動。

◇ 播放一首你最喜歡的歌曲，同時在附近的社區散步或慢跑。

◇ 在戶外與寵物一起玩耍 10 分鐘。

◇ 到有花草的地方，如自家的花園或公園裡，擺弄一下花草。

讓意志力無法持續的元凶

為什麼你總是事與願違，想要達到的目標和期望，總是和現實落差很大？其實說穿了，原因不外乎——堅持度不夠，動不動就放棄，容易受到誘惑；做事分心走神、三分鐘熱度……，但是，只要你能——忍住了誘惑、對抗了心魔，你所得到的，都是你長年達成不了的目標，想必也是你一直渴望的事物。

據筆者的觀察，一個人意志力會變薄弱的原因主要是——不夠專注；不夠果斷；不夠自制；不夠自信。針對這些原因深入去分析，總結出會讓我們的意志力、堅持力破功的元凶通常是——例外、不安、低潮。

一、「例外」成了你理所當然的藉口

例如你決定每天開始晨跑。一開始早起很痛苦，總是要掙扎許久。一週施行下來，你逐漸習慣和適應後，你開始享受到跑步帶給你的輕鬆與愉悅。早晨清新的空氣、乾淨明亮的街道、耳畔的鳥鳴聲、大汗淋漓的爽快感……，這一切都自然地令你心情越發舒暢。於是每天的晨跑習慣開始良性循環。

不久，就迎來了第一次的考驗——那就是雨天。你像往常一樣早早起床、換好運動服，正要出門卻發現外面下雨了，於是你自然而然地說：「那就休息一天好了。」好不容易養成的習慣，因為這個小小的「例外」而停擺、中斷。類似的考驗除了下雨天之外，還有諸如「昨天熬了通宵，今天早上就休息一下吧」、「昨天站了一整天，腿部肌肉有點痠，今天就別跑了，別影響工作……」這些看起來很正確的藉口全都是「讓意志力、持續力破功的元凶」。而讓這些「例外」成了理所當然的藉口的，就是我們自己。

由於我們要養成新的習慣就要承受新的痛苦，但是人體具有對抗新變化、維持現狀的傾向，所以，我們的潛意識當然不喜歡痛苦，於是那些下雨啦、加班啦……雖然是自己所無法掌控的意外，但是是否接受它們的選擇權不是我們自己嗎？如果你給了自己一句「啊！那也是沒有辦法啊。」就這樣輕言放棄的話，這個計畫就會不了了之，一切又會回到一開始那樣了。

所以，即使下雨或是前天晚上太累了，你還是要跟自己說：「不能中斷。」立即換上運動服出門，但你可以改成用走的，不一定要跑，重點是你有落實了「每天持續行動」。這對於意志力的養成很重要，就算你的行動本來應該做到一百分，現在只做一分也沒關係，還是與什麼都不做有著很大的差別。所以，別讓例外破壞了你的意志。

二、「不安」——如果不順利的話，該怎麼辦？

做一件事情如果不能看到一點成效或馬上得到表揚或讚美的話，是不是很快就沒有什麼幹勁兒了呢？大部分的人都是這樣的。例如，你設定的目標是希望五年後能夠過上富裕的生活，所以從現在起就省吃儉用一點一滴地在存錢。這樣當然不如現在就享受一頓海鮮大餐，日子過有滋有味

些。這並不僅僅是現在無法忍受美食的誘惑那麼簡單，而是今後漫長的五年時間裡，都要一直堅持下來的「苦行」，光是想就實在令人無法忍受。尤其若是再想到五年的時間一直堅持忍耐的話，也未必就能成為有錢人。因為如果按照現在的想法去存錢，並沒有什麼保障。與存錢五年的不安相比，現在就去吃頓美味大餐的話，確實是可以馬上享受到快樂。這種狀態下，與自我對決的就是「不安」。

這時的你內心會搖擺不定：「要是進行得不順利的話，該怎麼辦呢？」「不安」當然也是我們自我的一個化身。這樣的不安讓內心不斷萌生：「我努力到這種地步，如果不成功的話怎麼辦？」、「不必這樣嚴格要求吧。」……是不是一切都是自己在一個勁兒地這樣自己給自己找台階下，不停地澆滅自己的熱情和幹勁。

「記錄」可以化解類似的不安。因為記錄的效果在於能夠去除「隨意」的感覺，客觀地掌握事實。若是節省金錢的話，從「每日記帳」做起，通常那些是不記錄而開始進行省錢計畫，當然很難看出成效。而「記錄」就不一樣了，它能夠以客觀的數字判斷造成浪費的原因、可以具體地降低某項支出等。結果就能夠降低房租之類的固定費用或是中午改吃便當等。光是這麼做就可以確實得到節約的效果。如果是「憑感覺『隨意』行動」，在還沒有看到較大成果之前就會失敗。

三、「低潮」──對自己失去信心

舉個例子來說明：公司決定外派你到國外分公司工作，於是你必須開始加強你的英語能力。上司直接給你施加壓力，如果你的 TOEIC 考試總分達不到 700 分的話，這個職務任命就會被取消。這可是千載難逢的機會，你當然不會輕易放棄。於是積極買教材開始主動學習，每天在上班的通勤電車上戴著耳機，練習聽力教材的內容，中午休息的時候早早地吃完

午飯，打開課本，背誦句子，傍晚儘早地結束工作，去英文會話班補習。
就這樣，你抓緊一切時間，不間歇地學習英文。剛開始學習一段時間之
後，就如同向乾燥的海綿裡加水一樣，多益的考試成績一直在進步，有所
提高。但是持續一段時間之後，即便是同等的努力，成績也不會按照所預
想的那樣上升。因為已經吸收滿了水的海綿再加水的話，已經吸收不進去
了，會溢出來的。於是你出現低潮了，開始對自己失去了信心。其實，「低
潮」並非是來阻攔你的。它只不過是對看似進行得十分順利的習慣攻其不
備，只要你對自己有信心，低潮很快就會過去的。

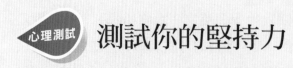 測試你的堅持力

以下這個測試，可以測試你的堅持力是否強大。

1. 你正在朋友家中和朋友一起喝茶，茶几上放著一盒你喜歡吃的巧克力，但你的朋友無意請你吃。當他離開座位時，你會怎麼做？

    A·立即吞下一塊巧克力，再抓一把塞入自己的口袋裡。

    B·一塊接一塊地吃起來。

    C·靜坐，抗拒巧克力的誘惑。

    D·對自己說：「什麼巧克力？我很快就會有一頓豐盛的晚餐了！」

2. 你發現好友沒有將他的日記鎖好便離開了房間，你一向很想知道他對你的評價及他和女朋友的關係，你會怎麼做？

    A·克制自己，不去偷看。

    B·立即離開房間去找他，不允許自己有被日記引誘偷看的機會。

    C·匆匆翻過數頁，直至內疚感令你停下來為止。

    D·急不可待地翻開看，然後責問他居然敢說你好管閒事。

3. 你從朋友的日記中發現了許多秘密，很想與別人分享，你會怎麼做？

    A·立即告知你的其他朋友，說她日記裡的私事。

B·不打算告訴任何人，但會讓朋友知道，你已經發現了她的秘密，使她不敢對你太不客氣。

C·什麼也不做，繼續和她做好朋友，並保守秘密。

D·請催眠專家幫你忘記一切秘密。

4. 你正在努力存錢，準備年底出國旅行，但你逛街時看到了一件中意的裙子，你會怎麼做？

　　A·每次經過那家店鋪時都蒙住眼睛，直至那條裙子被賣掉。

　　B·自己買衣料，縫製一條一樣的裙子，但價錢便宜很多。

　　C·不顧一切買下它，然後哀求父母借錢給你去旅行。

　　D·放棄它，沒有任何東西可以阻礙你的旅遊計畫。

5. 你深信自己愛上了一個男孩，但他卻只在無聊的時候才想起你。在一個狂風暴雨的夜晚，他要求與你見面，你會怎麼做？

　　A·立刻冒著大雨去找他，即使花費數小時也覺得值得。

　　B·掛斷他的電話，雖然你很不情願，但你需要一個真正關心你的人。

　　C·先要他答應以後更好地對待你，你才答應去，他照例微笑著應允。

　　D·直接拒絕他。

6. 你對新年許下的諾言所抱持的態度是什麼？

　　A‧只能維持幾天。

　　B‧維持二～三年。

　　C‧懶得去想什麼諾言。

　　D‧可能會違背它。

7. 如果你能在早上六點鐘起床溫習功課，晚上便可以有更多的時間做其他事，你會怎麼做？

　　A‧雖然每天早晨六點時鬧鐘準時叫醒你，但你仍然賴在床上，直至八點才起來。

　　B‧把鬧鐘調到五時半，以便能準時在六點鐘起床。

　　C‧大約在六點半起床，然後洗個熱水澡，讓自己清醒。

　　D‧算了吧，充足的睡眠比溫習更重要。

8. 如果你需要在六週內完成一項重要任務，你會怎麼做？

　　A‧在接到任務後五分鐘即開始進行，以便有更充足的時間完成任務。

　　B‧截止日期前一天才開始進行。

　　C‧每次想動手時都有其他事讓你分神，你不斷告訴自己還有多少時間。

D·立即進行，並保證在截止日期前兩天完成。

9. 醫師建議你多做運動，多鍛鍊身體，你會怎麼做？

A·只在頭兩天照做。

B·確實運動，直至身體累到不行。

C·每天散步去買零食，然後坐計程車回家。

D·最初幾天依指示去做，待醫生檢查後即放棄。

10. 朋友想約你通宵看電影，但你需要第二天早晨七點起床做兼職，你會
怎麼做？

A·看到晚上九點半回家睡覺。

B·拒絕，好好地睡一覺。

C·視情緒而定，如果太疲倦就隔天請假。

D，看通宵，然後倒頭大睡。

計分方法：

1·A 記 1 分，B 記 2 分，C 記 3 分，D 記 4 分。

2·A 記 3 分，B 記 2 分，C 記 4 分，D 記 0 分。

3·A 記 1 分，B 記 2 分，C 記 3 分，D 記 4 分。

4‧A記4分，B記2分，C記3分，D記0分。

5‧A記1分，B記3分，C記2分，D記0分。

6‧A記2分，B記4分，C記3分，D記0分。

7‧A記2分，B記4分，C記1分，D記0分。

8‧A記4分，B記1分，C記3分，D記0分。

9‧A記3分，B記4分，C記1分，D記2分。

10‧A記3分，B記4分，C記2分，D記1分。

各題得分相加，得出總分。

測試結果：

18分以下：

你並不是缺乏意志力，只是你只喜歡做那些你感興趣的事，對於那些能及時獲得滿足感的工作，你會毫無阻礙地堅持下去。你很想堅持自己的目標，但可惜的是，你很少能夠堅持到底。

18 ～ 30分：

你很懂得權衡輕重，知道什麼時候要堅持到底，什麼時候要適當放鬆。你屬於堅持原則的人，但遇到特別感興趣的東西時，你的好奇心也會戰勝你的意志力。

31 ～ 40 分：

你有極強的堅持力與自控力，任何人、任何事情都不會讓你改變主意。但是，有時太過執著也並非好事，若是能偶爾嘗試改變一下，生活可能會更精彩。

第3章

將**意志力**成功
運用在工作上！

Concentration
and Willpower

3-1
你是越在意越做不好的練習型人物嗎？

　　你是否曾有過這樣的經驗？當你十分在乎某個學科報告、某個重要的工作項目，越想要拚盡全力做好它，越是無法發揮出應有的水準，甚至還可能搞得一團糟，更奇怪的是，有些事要是抱持著平常態度去做，反而能做得非常好。事實上，越想要越求而不得的遺憾，絕對不是命運之神的故意作弄，而是在能力條件相同的情況下，人們的心理狀態往往影響了最終的成果表現。

　　一般而言，人們的心理狀態處於放鬆平和時，原本的能力就可以穩定發揮出它的水準，不過有些人只要特別關注某件事的成敗、得失心過重，處理事情時，心情與思緒就容易急躁緊張，既有能力便跟著受到影響，從而演變成做事慌亂的局面。在日常生活中，這類型的人經常被戲稱為「練習型人物」，例如他們在模擬考試時能拿到不錯成績，正式上考場就會表現失常，或是上台演練工作簡報說得流暢無比，等到真正站在客戶面前，不僅表達能力大幅下降，就連回答問題也抓不到重點；可想而知的，練習型人物對於這樣的結果會倍感挫折，內心也更想振作起來好好表現，結果越在意越做不好，漸漸地，這就變成了一種惡性循環。

　　碰到練習型人物，旁人看了只能無奈嘆息，而在競爭激烈的職場上，練習型人物很容易因為時好時壞的工作表現而吃虧；試想，如果你是上司主管，當面對一個工作能力不錯，但重要時刻有可能表現失常、犯下不必要錯誤的員工，你會願意把重要的工作項目交託給他嗎？許多時候，上司

評估員工要考慮的不僅是工作能力，還包括了處理公務的穩定度，而對於練習型人物來說，他們儘管知道自己的問題所在，也時常告誡自己遇事要保持冷靜、不要急於求成、不要得失心過重、不要慌亂不安，可是每當內心湧現了焦慮情緒，做起事來就容易手忙腳亂，難以擺脫這種連鎖性的影響，想要克服卻又不得要領；如果你有這樣的困擾，可以試著藉由手部訓練來增強自我意志力，這能幫助你有效控管情緒，避免因為緊張慌亂而導致個人表現打折扣。

善用四種手部訓練法，擺脫練習型人物的宿命！

　　為什麼透過手部訓練能強化意志，並且穩定焦躁情緒呢？我們都知道遠古時期的人類為了取得食物，用手創造了弓箭、鉤子等原始工具，後來為了擁有一個舒適安全的居住之處，又用手創造了錘子、斧子、鋸子等形式各樣的建築工具，等到有了房屋以後，再用手創造了鐵鎚、鋤、鐮、犁等用於農業生產的工具，而這些文明的逐步發展，標誌的不僅是日益成熟的手工技藝，也代表著思維與想法的躍進，換言之，隨著動手能力的提高，思維的廣度、高度、深度也隨之發展，這意味著人類的雙手是執行想法的忠實者，同時也是意志力與精神世界的體現者。

　　更直白來說，在思緒清晰、情緒穩定的時刻，我們處理自己熟悉的工作可說是駕輕就熟，手部與肢體的協調度、心理上的掌控感很自然地讓人達到理想的工作狀態，所以當思緒動亂、手腳不聽使喚的時候，要是告訴自己「不要急」或「保持冷靜」不管用，那麼把意志力傾注在手部上，逐漸找回熟悉的穩定控制感，內心反而能安定下來，一旦焦躁不安的情緒獲得撫平，頭腦便能恢復冷靜。

　　試著應用以下的訓練方式，培養你的「手感」，當你的雙手越來越靈

敏、越來越能被自己控制，意志力必定能更加強化，與此同時，對於不良
情緒的控管能力也會提高。

⊙ Do it！你可以這樣做！

方法一、十指透析訓練法

請全神貫注地熟悉自己的雙手，觀察它們的總體特徵和細部特徵，直
到你能夠將它們的特徵完全印在腦海裡。

訓練步驟 1： 放鬆右手除了拇指以外的所有手指，然後將四指緩緩向掌心
握緊，握緊後再恢復到原來的狀態，重複這樣的練習共六次。

訓練步驟 2： 五指向掌心合攏握緊，這個動作也重複六次。

訓練步驟 3： 加大手指的力量，重複上面的動作六次。

訓練步驟 4： 展開手掌，五指閉合，然後緩緩展開四指和拇指，然後再合
攏，重複動作六次。

訓練步驟 5： 用左手進行以上同樣的練習。

訓練步驟 6： 每天至少練習一次，持續練習十天，十天後，檢視自己的專
注力是否提升。

在練習過程中，請記得將意志力灌注於每一個動作中，以便確保練習
效果能逐步增強。

方法二、握感平衡訓練法

訓練步驟 1： 請先準備一根長度大約六十公分的棍子，立正站好後，調勻
氣息，右手向前伸直，抓住棍子，握緊它，手的握力要逐步
增加，直到最大力度，重複這樣的練習六次。

訓練步驟 2：右手向身體右側伸直，然後重複如上動作六次。

訓練步驟 3：右手將棍子高高舉起，重複同樣的動作六次。

訓練步驟 4：右手握住棍子往下垂，然後抬起，重複同樣的動作六次。

訓練步驟 5：右手舉起與肩平，然後向身體的右後方伸直，重複動作六次。

訓練步驟 6：改用左手進行以上全部的練習，方式和規則都遵循上面的方法。

　　進行這樣的練習時，每天用左右手交替練習，過程中可以適當地休息，這樣的練習要堅持十天，十天後，檢視自己的手部控制力、手部肌肉是否有所提升。

方法三、拉力漸進訓練法

訓練步驟 1：請準備一個最大重量在 4.5 公斤左右的拉力彈簧秤，將握感平衡訓練法中所準備的棍子插入秤環中，然後在一張桌子上釘一枚釘子，讓釘子距桌子邊緣的距離正好等於拉力彈簧秤的長度，並用拉力彈簧秤鉤住釘子。同時，右手四指鉤住棍子，拇指置於桌子邊緣下方，然後緩緩拉動拉力彈簧秤，如此來回拉動，重複這樣的動作，共做六次。練習時，記得要運用手指的力量，不要用手掌或手臂的力量。

訓練步驟 2：改用左手重複以上的練習。

訓練步驟 3：記錄每天拉開彈簧秤的最大公斤數，記得標明左右手所完成的數字。

訓練步驟 4：堅持這樣的練習十天，十天後，根據記錄觀察自己是否有進步，以及哪隻手進步最快。練習時，要將意志力傾注在每一

個動作中，即使動作很微小，同時留意自己是否可以憑藉意志力加大手指的拉力。

訓練步驟 5： 以上的練習堅持十天後，可以暫時休息兩天，然後再度展開新一輪的練習。新一輪的練習過程中，播放一段節奏強勁的音樂，輪流用右手和左手重複如上的練習六次，記得仍然要做好記錄。

訓練步驟 6： 持續進行這樣的練習共十天，中間可酌情休息。練習時，要保證有堅強意志的存在。十天後，將前後的記錄進行對比，並且分析自己的雙手是否有所進步，以及哪隻手進步得更快，同時觀察一下音樂對增強你的意志力是否有明顯的作用。

方法四、射擊想像訓練法

訓練步驟 1： 憑藉想像力，想像自己的右手握著一把手槍，而你的手指就放在扳機上，巨大的能量存在於你的手指上，通過扣下扳機，可以將能量全部釋放出去。謹記，想像的過程中，不要真正移動你的手指，請平和自己的心情，重複這樣的想像。你是否能夠感覺到手指上的巨大能量？努力在頭腦中進行這樣的想像，並且使自己的意志力不斷增強。

訓練步驟 2： 練習時，嘗試用每根手指進行想像。每天練習六次，堅持練習十天，然後觀察自己的專注力、想像力與意志力是否有所提高。

心理測試 遇狀況時，你容易焦慮慌亂嗎？

　　如果好友送你一個幸運符，並且要求你隨身攜帶，你會選擇把它放在哪裡保佑自己平安呢？

　　A. 放在內衣裡

　　B. 放在隨身包包內

　　C. 掛在手機上

　　D. 當成項鍊或手鍊掛在身上

測驗結果：

　　選 **A**：在別人眼中你是遇到事情最容易焦慮慌亂的人，而且別人都能從你的言行舉止中感受到你的緊張，加上你個性急躁，不管事情大小都急著想快點解決，導致行動速度往往快過動腦的速度，結果常因為沒有妥善考量整體狀況就貿然行動，平白讓自己陷入麻煩，或是把事情弄得一團糟。建議你遇到事情時不要急著行動，有時多花三分鐘思考怎麼做才能真正解決問題，好過貿然行動之後要花三倍以上的時間來解決問題。

　　選 **B**：任何問題對你來說都有解決方法，與其花時間讓自己焦慮痛苦，不如正視問題，試著解決，因此你遇到事情不會過度焦慮慌亂，但正

因如此，你習慣等事情發生了再去思考怎麼辦，建議你有時要試著未雨綢繆，盡可能在事情發生問題前就解決它，或是做好充足的應變準備，以防萬一。

選**C**：很多人認為你粗枝大葉，事情發生時你可能還在狀況外，甚至要等到大家都知道了，你才會恍然大悟，不過你很容易受人影響，只要親朋好友緊張兮兮地找你商量事情，即使你還搞不清楚狀況，也會跟著一起窮緊張！建議你平常要多培養自己的觀察力與敏銳度，才不會在關鍵時刻仍處於茫然狀態。

選**D**：只要事情有一點風吹草動，你就容易感到緊張焦慮，甚至開始胡思亂想，一旦真的發生大事，就會以悲觀角度看待事情，不斷往壞處設想，與此同時，你又不願意讓人知道自己的焦慮，寧可自己想辦法處理，也不肯在別人面前顯露異樣，無形中，這會讓你的精神與身體長期處於緊張的狀態。建議你遇到事情時不要失去正面思考的力量，並且試著與自己信賴的親友交流心情，有時集思廣益會比單獨作戰要來得有效率！

3-2
改變，就從培養專注力開始！

　　你的讀書計畫經常進度落後，唸過的章節又很快就忘記嗎？你開會時容易分心，要經常加班才能做完工作嗎？或許你曾質疑是自己的唸書方式不正確、工作方法不夠有效率，但事實上，問題可能不在於你「如何做事」，而是你「無法專心做事」，換言之，專注力的欠缺很可能才是所有煩惱的根源！

　　現代社會凡事講求效率，無論工作、學習、處理日常事務，我們都傾向採用更便捷、更聰明的方式，然而不管有多少提高效率的秘訣被人所提倡，做事過程中只要缺乏專注力，不僅成果將大打折扣，還可能因此帶來嚴重損失，特別是需要集中精神去完成的事情，稍一分心就可能造成金錢損失，甚至釀成安全事故，例如高單價 3C 商品因為網拍金額少輸入一個零而引發消費糾紛、誤觸機器操作按鍵導致人員受傷，都是生活中確實發生過的實際案例。

　　由此可見，做事缺乏專注力容易造成不良影響，而經過許多科學研究發現，妥善運用專注力將帶給人們諸多好處，它能讓人心境平和、對生活充滿熱情活力、內心擁有成就感，並且也能幫助人們有效管理自我人生與生活境遇，例如面對某些事情造成的壓力時，隨著專注力的注入，原先的壓力反而能逐漸減弱，又或是專心投入某些事務後，從中獲得的樂趣將持續增加。當然了，對於很多人來說，理智上雖然知道提高專注力有益於做事效能，但現實生活中，想要全神貫注地做事未必是件簡單的事，許多時

候，來自外界的干擾與壓力、時時翻湧的心中雜念都能導致專注力渙散，往往這時候我們只能仰賴意志力來管理自己，盡可能不讓專注力輕易地被外界因素所擊潰。

事實上，意志力與專注力相輔相成，增強其中一者必然帶動另一者的成長，而每個人選擇的提升方式則是各有巧妙。好比有人認為列出事務清單、逐項推進完成的方式，可以有效提高專注力與意志力，因為在不確定自己要做什麼、怎麼做的時候，通常會因目標不明確而缺乏專注力，而列出事務清單的過程，就是專心思考事情的第一步；當我們清除心中雜念，思索事情的來龍去脈，預估事件發展，然後規劃事務進程，並將事情分解成一個個較小的「下一步行動」，多半能有助於集中精力將事情逐一落實，而且從每一次小目標的完成中，我們可以清楚看到事情的成果，從而增強自信，也更加有動力去完成下一個小目標，最重要的是，專注力會隨著過程的推進自然提高。

另外也有人主張提升專注力的關鍵，主要是妥善運用自身能力、合理安排時間，任何不當的安排只會導致我們對自己的專注力失去信心，因此在精力旺盛的時段內，不妨安排自己去做某些需要投入高度專注力的事情，而且專心做事一個半小時後要休息片刻，等到能量恢復了再回去做事，如此一來，很多事務就變成「短跑衝刺」型態，專注力也才能維持下去，而非像是跑馬拉松一樣，過程中絲毫不能止步。

在此，我們提供另一個方向的提升方式，幫助你建立意志力與專注力的相互輔助模式，意即訓練的方向著重於培養專注的習慣，並讓大腦與身心產生銘記作用，一旦養成專注的習慣後，在面對必須集中心力處理的日常事務時，你的專注力將伴隨著意志力的參與，引導你快速進入「圈定意識」模式，從而大幅降低因為外界干擾而分心走神的機率。

鍛鍊你的大腦控制力，圈定你的意識！

　　有位心理學家曾經如此闡述專注力與意志力的關係，人類的精神狀態就像相機鏡頭，不時地轉移焦點，對準不同的事物，而專注力是一種積極的自我導向，並且伴隨著意志力的參與，它們促使大腦把鏡頭聚焦在你關注的事物上，還把意識圈定在一定的範圍內，這也就是說，專注力能夠控制大腦和意識的思考方向，讓你關注的事物變得更加清晰突出，意志力則支援著過程中的所有行動。

　　如果你喜歡拍照，對於相機鏡頭的調整、各類對焦模式的選取必然不會感到陌生，有種鏡頭拍攝模式是這樣的，當你把鏡頭對照目標物，目標物的周邊景象會顯得模糊化，整體看來完全突出了目標物的清晰存在，但如果不移動拍照位置，只把拍攝模式稍微調整一下，目標物就變得模糊，周邊的景象反而則顯得清晰了。同樣的道理，當我們將專注力徹底集中於某一事物上，由於目標的圈定，其他事物就會被自然忽視，假使此時專注力被轉移了，我們原先關注的目標就漸漸變得模糊不清，甚至被拋諸腦後，連帶地，意志力也跟著失去方向，飄搖不定。

　　許多時候，造成專注力的潰散或弱化的原因，除了生理因素比如睡眠不足或感冒生病了，一般多半來自外界的干擾，以及內在心緒的躁動。對於解決外界干擾的問題，我們可以創造一個有利於發揮專注力的環境，或是利用能讓專注力有效持續的做事方法，而內在心緒的躁動問題則要強化自我的腦部控制，意即學會掌管念頭的起伏，並讓大腦經由持續訓練後，建立起將剔除無關事物的經驗路徑，如此一來，在投入專注力的過程中，要是察覺到自我思緒開始要亂飄了，就能趕緊控場，摒除不必要的雜念，繼而讓大腦與意識保持在專注狀態。

八種專注力訓練法帶你進入專心致志的世界！

在所有的意志力訓練中，持續性的專注力訓練不僅能養成集中注意力的習慣，也可以幫助我們有效進入專注狀態，不受外在環境或內心雜念的影響，而當你進行以下八種專注力訓練法時，你可以先挑選自己最能掌控的方式開始，也可以依據實際情況自己規劃訓練時程，最重要的是：務必持續做，堅持練習！

⊙ Do it！你可以這樣做！

方法一、靜坐放空訓練法

訓練步驟 1： 找一處安靜的地方坐下來，放鬆身體，保持心情上的平和，運用意志力讓自己的大腦處於放空狀態，盡量什麼都不要想，直到你無法控制為止，然後再將你保持的時間記錄下來。

訓練步驟 2： 每天最好做六次以上這樣的練習，以量促變，記得詳細記錄每次的時間，如此堅持練習十天，十天後，依據時間記錄檢視自己是否有進步。隨後不妨休息兩天，再展開新一輪的練習週期，長期練習之下，專注力與意志力的作用會越來越巨大，對於控制意識走向也能更加得心應手。

方法二、一心一意訓練法

訓練步驟 1： 找一處安靜的地方坐下來，放鬆身體，保持心情上的平和，先保持大腦空白幾秒鐘，再將專注力集中到一件事情上，並讓自己不受其他想法的影響，盡可能保持這樣的狀態不變，時間越長越好。值得注意的是，你雖然要試著將專注力集中到某一件事上，但不要去思考與它相關的問題和解決辦法，就如同你是在凝視一件物品，只負責專心關注它，卻不去思

索關於它的任何問題。練習過程中，盡量放鬆自己的身心。

訓練步驟 2：這樣的練習需要每天堅持進行，而且最好每天練習六次，持
續練習十天之後，你可以休息兩天再展開新一輪的練習，與
此同時，檢視自己的進步情況。

方法三、抽絲剝繭訓練法

訓練步驟 1：放縱自己的思緒馳騁一分鐘，就算想法天馬行空也沒關係，
隨後再將那些看似凌亂、瑣碎的念頭記錄下來，並且盡可能
找出它們之間的聯繫關係，許多時候，你會從中發現即使是
恣意奔馳的思維活動也有其脈絡可尋。

訓練步驟 2：這樣的練習要每天練習六次，連續進行十天，十天後，依據
你的記錄，分析比較這十天下來的成果，檢視看看自己的專
注力是否有所提升，有時你甚至能摸索出自己的大腦在無意
識狀態中的活動規律。

方法四、心無旁騖訓練法

訓練步驟 1：保持靜坐一分鐘，並使大腦處於思考的狀態之中，你可以針
對某個問題一路深入思考下去，不要讓毫不相關的念頭干擾
你的思緒，如此保持五分鐘，之後憑藉著記憶，把剛才自己
腦中的想法記錄下來。

訓練步驟 2：每天要堅持練習六次，持續十天，十天後，按照你的記錄，
自我檢視思考專注力是否有所進步。此外，這個練習也可以
用想像力作為輔助，你不妨在內心勾勒一幅畫，幻想自己正
一筆一畫地把它描繪下來。

方法五、行動願景訓練法

訓練步驟1： 選定你認為自己有可能實現的美好願望，將專注力傾注其上，但不要考慮如何實現它，也不要對成功後的榮耀浮想聯翩，盡可能讓大腦處於一種堅定的狀態，全力控制自己的思緒放在目標本身。

訓練步驟2： 每天練習六次，連續練習十天，通常隨著練習次數的增加，你的美好願望會逐漸刻印在你的內心裡，長久練習下去，你的生活、你的行動將能夠體現出你的願望，除此之外，這樣的練習還能夠讓決心、專注力和意志力成為自己的性格特徵。

方法六、謀定後動訓練法

訓練步驟1： 靜坐一段時間，然後選擇做一件事，例如你可以在房間裡來回踱步、閱讀一本書，或者乾脆靜坐不動，如此保持五分鐘，當然了，不管你選擇做什麼事，內心一定會有做另外一件事的想法，但不要受這些想法的影響。當你做了決定之後，就堅持做好自己選擇的事情。行動上要督促自己果斷一點，不要懶懶散散。

訓練步驟2： 這樣的練習每天重複進行六次，但最好選擇做不同的事情。練習過程中，盡可能將意志力傾注在事物的細節上，並且保持自己做事的熱情，如此堅持練習十天以後，比較一下自己的專注力與行動力是否有所進步。通常在經過長久的練習之後，你將發現自己做決定時比較不會因一時衝動而盲目行事，反而能明確地設定目標，同時對相關行動計畫也能妥善安排，確實執行。

方法七、物品排列訓練法

訓練步驟 1： 將一些物品如書、紙、錢幣、原子筆等混放在一起，然後按照物品的相似性或相異性做出分類，當然你也可以依據物品之間的某些關連性做出排列設定。一開始時，不妨先從相似性的角度進行物品排列，並且要多次變換排列方式，看看每種排列方式的感覺與效果如何，如果感覺與效果不好的話，試著找出原因，若以相異性作為排列條件時，練習方式也是一樣。

訓練步驟 2： 這樣的練習每天進行六次，但每次練習的時候，最好設定不同的排列條件進行物品擺放，並且觀察自己對這些物品的排列擺放方式是否越來越熟練，持續練習十天後，檢視自己的專注力是否有所成長。

方法八、追根究底訓練法

訓練步驟 1： 隨意挑選幾種物品，將它們擺放在自己的面前，然後不經思考、隨意地拿取一樣物品，緊接著，思考自己為什麼會拿起它？這和其他東西有什麼關聯？試著找出所有物品之間的關聯性。例如，書與人有什麼樣的關聯？人與筆記本關係又如何？筆記本與作家有什麼樣的關係？作家與鋼筆的關係又怎樣？鋼筆與膠水又可能存在著什麼樣的關係？膠水與刀片又有什麼的淵源？刀片與圖釘又是怎樣的歸屬？圖釘與手錶又有何相干？以此類推，盡量找出不相干事物的內在聯繫。

訓練步驟 2： 當你尋思出所有物品之間的相關性之後，根據物品的內在聯繫關係，把它們排列在自己眼前。在進行這個練習時，過程中要藉由自己的慎重思考，以及意志的引導，試著讓自己靜

下心來，不要急躁倉促。

訓練步驟 3：每天以不同的物品練習六次，每一次練習之後可以休息片刻，持續練習十天後，檢視自己的專注力、將不同事物聯繫起來的能力是否有所提升。

意志力訓練法則

創造有效發揮專注力與意志力的內外環境

面對日常生活中的各種事務，想要做得又快又好，就要學會一個小技巧：替自己創造能發揮專注力與意志力的內外環境。以內在環境而言，除了要訓練自己的大腦與心理能保持清醒、平和的狀態之外，平時應適當地抒解壓力，而以外在環境而言，應當運用那些能讓專注力有效持續的做事方式，例如學會區分事情的輕重緩急。

不可否認的，快速的生活節奏經常讓人迷失在追求效率的路上，想要確保事情做得又快又好，就不要試圖一口氣把全部事情壓縮在同一時間內處理完畢，這只會讓你心理壓力過大，做事更加急躁又心不在焉，而且做這件事又惦念另外一件事的後果，除了不能把眼下的事情妥善處理完畢之外，最終還會造成效率失衡。當你面對一堆待辦事項時，想讓自己專注做好每件事的方式，便是先按下「暫停鍵」，讓腦袋有時間平靜地運轉起來，然後把這些事項區分出輕重緩急，思考處理這些問題時大概要花多少時間？之後，安排它們處理的順序，擬定一個行動計畫表。計畫成型後，就別再三心二意，立即採取行動，專注落實計畫表上的每一個小目標，如此一來，便能避免自己像多頭馬車一樣，四處瞎忙又什麼都做不好。

3-3
消滅拖延的藉口

　　我們身邊的許多人，甚至包括我們自己，在做事時都習慣拖延，總想在行動之前先讓自己享受一下最後的安逸。然而在休息之後，卻又想繼續享受，直到期限已到，行動還未開始。結果就是，拖延直接導致了行動的失敗。

　　類似以下的場景恐怕很多人都曾遇過。下定決心要克服賴床的壞習慣，於是計畫每天早上六點鐘起床。第二天，鬧鐘準時響了，但你根本沒起床，而且還對自己說：「今天就當作最後一次吧，再多睡十分鐘，明天絕不這樣了。」然後按掉鬧鐘，繼續睡覺。直到忽然醒來，發現馬上就要遲到，才匆忙起床，再一次重複之前的錯誤。

　　這就是拖延。類似的情況在我們的生活中時常會遇到，如果哪天你將一天的事件記錄一下，就會驚訝地發現：拖延耗費掉我們許多時間。拖延會令我們的計畫成為泡影。我們都知道制訂計畫的好處和拖延帶來的不利後果，但真要付諸行動時，卻總會不自覺地為自己找各種藉口，拖延時間。很多情況下，拖延都是人的惰性在作怪。每當我們要付出勞動或做出抉擇時，總會為自己找一些藉口和安慰，總想讓自己輕鬆些、舒服些，但結果就是一事無成。

　　戴爾公司的創始人戴爾認為，在問題背後強調理由，是世界上最沒有影響力的語言，拒絕拖延才是解決問題的有效途徑。

傑克 • 韋爾奇原是通用電氣的一名出色的工程師，後來，一直負責韋爾奇所在的實驗專案的聚合物產品生產經理鮑勃 • 芬霍爾特被調到其他部門了，經理的職位便空缺出來。

「我為什麼不試試呢？」此時，韋爾奇內心冒出這個想法。他不想看著這個可以改變自己人生的機會白白從自己眼前溜走。

因此，有一天，與主管及其他人共進晚餐後，韋爾奇便跟著主管來到停車場，並坐上主管的車。

「為什麼不讓我試試鮑勃的位置？」韋爾奇開門見山地說。

「韋爾奇，你根本不熟悉市場，而這一點對於這種新產品卻是至關重要的。」主管說。

但韋爾奇並不接受這個否定的回答。他認真地向主管談到了自己的資歷、看市場的眼光、對人及工作的態度等。主管雖然沒有當時就回覆韋爾奇，但當他把車開出停車場時，他似乎明白了韋爾奇是多麼需要用這份工作來證明自己，因此，他對站在街邊的韋爾奇大聲說道：「你是我認識的下屬中第一個主動向我要職位的人，我會記住你的。」

在接下來的幾天中，韋爾奇不斷給主管打電話，列出一些他適合這個職位的原因。一週後，主管通知韋爾奇，他已被提升為塑膠部門主管聚合物產品的經理。

1968 年 6 月初，也就是韋爾奇進入通用電氣的第八年，他被提升為主管 2600 萬美元的塑膠業務部的總經理。當時，他年僅三十三歲，是這家大公司有史以來最年輕的總經理。

韋爾奇能在瞬間果斷地戰勝自己的惰性，積極主動地迎向挑戰，沒有給惰性任何機會，沒有拖延，證明了自己，翻轉了人生。

其實，拖延就是縱容惰性，如果惰性形成了習慣，就會逐漸消磨人的意志，使你對自己越來越沒信心，懷疑自己的毅力，懷疑自己的目標，甚至會使自己的性格變得猶豫不決，養成辦事拖拉的不良習慣。

在日常生活中，我們通常會找到很多藉口來拖延，最終一事無成。比如，認為自己還不具備做某件事的條件，不斷推遲計畫，喪失機遇，結果延誤了許多好時機；認為現在行動已經來不及了，結果只會導致放棄和失敗；認為某件事是自己討厭的，難以有行動的興趣……等等。事實上，這些都不是我們不能完成某件事的理由，只是我們為拖延尋找的藉口。我們用「我還是應該再等等」這樣的念頭控制自己，最終導致計畫失敗，給自己留下遺憾與不甘。

人的本質是懦弱的，從這一點上來說，拖延是人類最合乎本性的弱點，也是缺乏自控、意志力的明顯表現。但由於它合乎人情，沒有明顯的危害，才在無形中耽誤了許多事情，因此而引起的煩惱實在比明顯的惡習還要厲害。

可是，你拖得了一時，卻拖不了一世。今天你利用拖延這個藉口躲開了危險和失敗，但這樣又能達到什麼目的呢？在你避免可能遭遇失敗的同時，你也失去了取得成功的機會。

由此可見，要想成功，就不要總為自己的拖延找藉口。只有馬上行動，從一開始就著手準備，勇敢挑戰，勇敢嘗試，才會有更多成功的機會。

🎯 Do it! 你可以這樣做！

一、制訂完善的計畫

有效的行動來自有效的計畫。在完成目標前，盡可能將計畫做得詳細而明確，包括行動開始的時間、步驟、方法和應對困難的措施等。同時，在制訂計畫時，不要給自己留退路，找「以後還有機會」、「時間還比較充裕」等藉口。在制訂好計畫後，唯一的選擇就是立即行動。古時作戰，兵家講求「一鼓作氣」，防止「再而衰，三而竭」。也就是說，拖延後再想讓疲軟的心態鼓起鬥志，是比較困難的。

◇ 為自己制訂一份詳細的日程計畫表，可以幫你有效地規劃每一天的工作。每天早晨先審視一整天的計畫，可以激勵我們立即行動，完成任務，不給拖延任何藉口。

◇ 給自己一個最終的合理完成期限，並且要求自己必須在這個期限內完成。值得注意的是，一定要一次性將它落實，千萬不要說：「以後再執行。」「以後」就意味著行動的失敗。

二、將任務分解

我們通常因為害怕完成某項任務的困難太多而拖延，因此，將任務分解為若干容易執行的小步驟，就可以輕鬆開始了。如果把大的、複雜的任務分解為小的、簡單的一個個小任務，完成起來就容易得多，並且也不容易為自己找藉口拖延。

◇ 適當減少工作量，包括工作時間和任務數量等。比如，如果你需要讀完一本書，那麼一開始就規定每次閱讀 15 分鐘或 20 頁，這個數量是你可以輕鬆做到的，不至於拖延。

◇ 把任務分解為按邏輯順序排列的一個個小步驟，然後再按步驟行動。這樣，每次只需要實行一小步，就不會感覺那麼困難了，完成起來也會比較有積極性。

◇ 每天先做最重要的事情，同時還要在每天結束工作之後，列一張詳細的
　 表格，告訴自己第二天要做的最重要事項。

三、學會適當休息

　雖然我們一再提醒自己不要拖延，但在克服拖延這一壞習慣的過程
中，也必須學會休息。如果對自己過於苛刻，最後只會讓自己變得精疲力
竭，反而難以達到預定的目標。

◇ 每完成一個小任務，獎勵自己一些時間休息放鬆，可以聽聽音樂、看看
　 電影，或者讀幾頁自己喜歡的書。需要注意的是：不要休息太長時間，
　 否則會令自己的精神鬆懈下來，難以提起精神繼續完成任務。

◇ 雖然我們在完成某項任務時應積極行動，但也不要把所有任務都攬到自
　 己身上，把自己搞得筋疲力盡。要學會把事情分派出去，包括分派到下
　 一個時間段或可以幫助你的人手上，讓自己能夠得到些許的放鬆，這樣
　 才能更加高效地完成任務。

想像拖延惡果，節制拖延行為

　比爾・蓋茲說：「凡是將應該做的事拖延而不立刻去做，而想留待將
來再做的人總是弱者。」每當寒暑假結束，新學期開學的第一天，學校裡
的老師總是會發現這樣一個問題：同學們都在埋頭寫作業，不過，他們所
寫的是本應該在寒暑假裡就完成的作業。顯然，大家將作業都拖延到最後
一天來完成了。

　拖延，就是迷信「明天」和「等一會兒」，在無止境的自我安慰中度
過一個又一個今天。殊不知，時間在不停息地奔走，當你把今天應該完成
的事拖到明天去做時，這個「明天」就足以將你送入墳墓。

　請看以下這個發人深省的故事。

　　一個深夜，一個身患重疾的病人迎來了他生命中的最後一分鐘，死神如期來到他的身邊。但是，他卻請求死神說：「請再給我一分鐘，可以嗎？」死神奇怪地問道：「你要這一分鐘做什麼呢？」病人說：「我想利用這一分鐘的時間看一看天、看一看地；我想利用這一分鐘的時間想一想我的朋友和家人。如果運氣好，我還能看到一朵綻放的花朵。」

　　然而死神卻說：「你的想法不錯，但我不能答應你。我曾經留給你足夠的時間，讓你去做這些事，但你都沒有珍惜。現在，我給你看一下你的時間帳單。在六十年的生命中，你有三分之一的時間在睡覺；剩下的三十多年時間裡，你做事經常拖延；你曾經感歎時間過得太快的次數達到一萬多次；上學時，你拖延完成作業；成年後，你抽煙、酗酒、打牌，虛度光陰……」

　　「從青年到老年，你所拖延的時間共耗去了 36500 個小時，共 1521 天；由於無所事事，你經常坐著發呆；你老是愛抱怨、責怪別人，做事找藉口，推卸責任；你常常利用工作時間與同事聊天，將工作丟在一旁；你參加了無數次無用的會議，並常常在會議期間昏睡，這讓你的睡眠時間遠遠超過了二十年……」

　　死神的話還沒說完，那位重症病人便斷了氣。死神歎了口氣，說道：「如果你活著時若不這樣拖延時間的話，你就能聽完我給你整理的帳單了。真可惜，世人總是這樣，都等不到我動手，就自己後悔死了。」

　　心理學家告訴我們，每個人的生命都是有限的，當拖延成為我們的一種習慣時，死神就會在不知不覺中來臨了。你可以給自己時間，但生命不會給你時間，正如中國古代詩人李商隱所吟誦的：「人間桑海朝朝變，莫遣佳期更後期」。

　　拖延往往會生出許多悲慘的結局：凱撒大帝因為接到報告後沒有立刻

展讀，結果一到議會便丟了性命。美國獨立戰爭時期，英國的拉爾上校正在玩紙牌，忽然有人遞來一份報告，說華盛頓的軍隊已到了德拉瓦爾。但他只是將來件匆匆塞入衣袋中，等到牌局結束才展開那份報告閱讀。然而等他調集部下出發應戰時，已經太遲了，最終全軍覆沒，拉爾自己也因此戰死。僅僅是幾分鐘的延遲，就使他喪失了尊榮、自由與生命！

　　拖延可能會令我們喪失很多好的工作和學習機會；經常拖延的人，對自己往往缺乏信心，不願意、不敢面對現實，結果導致很多失敗；面對壓力、挫折時，拖延者往往會產生更多的消極情緒，讓自己處於煩躁、焦慮和恐懼當中，難以自拔；拖延還可能令我們的人際關係受損，如本來答應別人的事沒按時做到，本來該我們負的責任沒有負等，都會影響我們的人際交往……

　　由此可見，各種習慣中最為有害的，莫過於拖延，世間有許多人都是被這種習慣所害。想像一下拖延可能給我們帶來的惡劣後果，我們難道還有理由不增強自我控制能力、節制自己的拖延行為嗎？

◎ Do it！你可以這樣做！

一、將正在拖延的事當成一天中的第一個任務去完成

　　如果你現在有正在拖延的任務或工作，不妨將其當作新的一天中的第一個任務去完成，從而邁出戰勝拖延的第一步。

◇ 早上醒來後，或者剛剛著手第一項工作時，強行要求自己馬上做你必須首先要做的事情。

◇ 如果有必要，所有的電話都不要接聽，也不接待他人的拜訪，直到完成這個項目或任務為止。

◇ 完成任務後，適當給予自己獎勵，以鼓勵自己戰勝拖延所邁出的第一步。

二、建立拖延任務清單

如果我們實在不能馬上改掉拖延的毛病，那麼，為什麼不試著利用這個壞習慣為我們服務呢？利用製作拖延任務清單的方法，便可以達到戰勝拖延的目的。

◇ 建立一個拖延任務清單，在這個列表裡，羅列我們平常沒有時間去做的事情，比如學習園藝、看一本有意思的書、學唱一首歌等。這個清單裡面的內容要是很有意義且不令人反感的小事。

◇ 當我們實在不想繼續做一件事時，便取出拖延任務清單，從清單中挑出一件事來做。這樣，既滿足我們想要拖延的心理，又能做一些平時沒時間去做的事。

◇ 做完拖延任務清單中的事項後，重新整理思路，再回過頭來繼續完成之前沒有做完的事情。

三、時刻給自己敲敲警鐘

在工作或完成某項任務時，要時刻提醒自己拖延帶來的後果。不要一有時間就坐在沙發上看電視；也不要因為覺得這件事不重要就半途而廢。

要知道，你要做的不僅僅是完成手中的這項工作，更重要的是改正自己拖延的壞習慣，修習自控力，這個目標遠比完成一項工作本身更重要、更有意義。

◇ 「絕不拖延，立即行動！」這句話是驚醒你的自動啟動器。任何時候，當你感到拖延的惡習正悄悄向你靠近，或已迅速纏上你，使你動彈不得時，你就需要用這句話來提醒自己。

◇ 每天進行一次工作或任務小結，記錄工作或任務的完成情況，以及每天是否有拖延行為及拖延的時間、原因等，還可以記錄一下自己的拖延症狀是否有所改善或惡化。即使只是簡單的一句話，也要養成這個習慣。

 你是拖延症患者嗎？

下列各題中，有四個選項，請根據你的情況選擇，以測試你是否患上了拖延症。

1. 為了避免對棘手的難題採取行動，你會尋找各種理由和藉口。

   A·非常同意，我會經常這樣做。

   B·略表同意，我有時會這樣做，但會感到很自責。

   C·略表不同意，畢竟遇到難題應該及時解決。

   D·極不同意，對難題就應該及時採取行動來處理，而不是找藉口拖延。

2. 為了完成困難的工作，對執行者施加壓力是很必要的。

   A·非常同意，有壓力才會有動力。

   B·略表同意，有時適當的壓力可以讓執行者更用心。

   C·略表不同意，不能給予太大壓力，否則執行者會更加拖延。

   D·極不同意，最好的辦法是與執行者共同尋找解決困難的方法。

3. 你經常會採取折衷的辦法，以避免或延緩一些不愉快的事。

   A·非常同意，折衷才能避免矛盾發生。

B‧略表同意，有時我會先讓事情緩和下來再說。

C‧略表不同意，問題總要解決，光拖延是沒用的。

D‧極不同意，出現不愉快就應馬上解決，而不是逃避和拖拉。

4. 你認為是自己遭遇了太多足以妨礙完成重大任務的干擾與危機，所以事情未能按時完成。

A‧非常同意，我認為這是導致我拖延的主要原因。

B‧略表同意，有時會遇到，但這些事不足以干擾我完成任務的進程。

C‧略表不同意，即使遇到困難，我也儘量提醒自己克服拖延，盡早完成。

D‧極不同意，只要積極行動起來，任何妨礙都不足以妨礙完成工作。

5. 當你被迫執行一項不愉快的決策時，你經常會避免直截了當地答覆。

A‧非常同意，我不想為此承擔太多的責任。

B‧略表同意，有時我認為這樣做可能會更好。

C‧略表不同意，我還是覺得直截了當地答覆更好一些。

D‧極不同意，我喜歡給予對方直接而乾脆的答覆。

6. 你對重要行動計畫的追蹤工作一般不會理會。

A‧非常同意，我認為那根本不會影響計畫的實施。

B‧略表同意，不過有時也會關注一下。

C‧略表不同意，還是會經常關注，希望能讓計畫完成得更完美。

D‧極不同意，一個計畫的完成，追蹤工作必不可少。

7. 你經常試圖讓別人去為管理者執行那些令人不愉快的工作。

A‧非常同意，我不想得罪領導。

B‧略表同意，有時我覺得別人可能比我執行得更好。

C‧略表不同意，我還是感覺自己的工作自己完成比較好。

D‧極不同意，自己應該做的，就要馬上行動，而不是推給別人。

8. 你經常將重要的會議和工作安排在下午處理，或者帶回家在夜晚或週末處理。

A‧非常同意，我總是能拖就拖，實在拖不下去才硬著頭皮去做。

B‧略表同意，我有時會這樣。

C‧略表不同意，我會儘量將工作放在應該完成的時間和地點完成。

D‧極不同意，有工作就應該及時完成。

9. 你在過度疲勞（或過度緊張、過度壓抑）時，經常感到無法處理面臨

的困難任務。

A．非常同意，一定要休息好才能繼續工作。

B．略表同意，有時疲乏的身心會影響工作狀態。

C．略表不同意，即使很疲勞，我也能克制自己，儘量將任務完成。

D．極不同意，即使過度疲勞，我也能按時完成任務。

10. 在著手處理一件艱難的任務前，你喜歡清除桌子上的每一個物件。

A．非常同意，我感覺它們會影響我的注意力。

B．略表同意，有時一些物件會分散注意力，我才會清理。

C．略表不同意，這些物件並不會過於干擾我。

D．極不同意，工作起來，我不會注意到桌子上的任何一件東西。

計分方法：A 記 4 分；B 記 3 分；C 記 2 分；D 記 1 分 各題得分相加，得出總分。

測試結果：

20 分以下：

你還不算是拖延症患者，但偶爾也有拖延的習慣，要儘快找出原因，

將這一不良習慣扼殺在萌芽之中。

21 ～ 30 分：

你屬於中度拖延症患者，拖延可能已經成為你的一種工作習慣，要改變是需要一些時間和耐力的。

30 分以上：

你已經是一個重度拖延症患者，患上了嚴重的拖延症，建議你認真審視自我，尋找最佳方法提升自我控制能力，擺脫拖延症的困擾。

3-4
不可不學的身體自控力訓練

在日常生活中，你我都會碰到需要當眾發言的時刻，好比社區住戶大會上的意見表達、慶祝派對上的致詞、職場中的工作會議與商務簡報、課堂上的作業報告等等，不同的是有些人能講的頭頭是道，口齒清晰又條理分明，還能說服別人改變想法，但是有些人卻慌亂到說話結巴，表情僵硬，甚至還會頻頻冒冷汗，而造成這兩者行為表現完全相異的原因，大多數是因為緊張心理在作祟！

如果觀察那些當眾講話就會緊張結巴的人，有時我們會發現其中有不少人並非口語表達能力不佳，或是生性害羞內向，他們平常很可能說話幽默又風趣，看待事情也很有見解，只是一旦要在正式場合當眾說話，免不了會表現失常。對他們來說，意見表達技巧或許不是什麼苦惱的事，最力不從心的反而是「當眾發言緊張症候群」，哪怕早先就準備了十分完整的講稿，以及滿腹精彩絕妙的想法，一拿起麥克風，當著許多人的面就開始手心冒汗、腦筋一片空白、胃痛、手腳發抖、思緒瞬間亂成一團、表述意見的組織能力下降，結果不是把話說得零零落落，不知所云，就是將該說的、不該說的通通一口氣說出來，多說多錯。可以想見的，這種不愉快的經驗促使他們對於當眾發言產生抗拒，真的無法推託迴避了，也是能少開口就絕不多說，只是如此一來，無形中便失去很多表現自我的好機會。

以現實情況來說，一個善於掌握發言機會、妥善發揮表達能力的人，比較能獲得他人的理解與支持，在某些重要事情上也較能佔據主導地位，

因此如果你有當眾發言緊張症候群的煩惱，最好的解決方式不是放棄發言機會，而是學會克服緊張心理，建立自信。當然了，在此之前，我們必須先了解當眾發言為何會帶來高度的身心緊張感？從心理學角度來說，與人交流時，我們多半會「察言觀色」，依據對方的表情、肢體語言與回話方式判斷自己是否獲得了認同，然而，過度太在乎對方反應時卻常造成心理壓力與緊張感，進而導致交流障礙出現。

舉例來說，原本你預計在你說出自己的想法後，在場人士應該會做出友善回應，但結果是──他們不僅神情嚴肅，還沒人搭腔，往往這時你內心就冒出許多想法：他們是不贊同我說的嗎？我剛有說錯話？那現在要繼續往下講，還是趕緊說些什麼緩和氣氛？於是接下來，你的注意力完全轉移到觀察別人反應這件事上，漸漸地，緊張感隨之攀升，也越來越難自在地表達意見。這意味著你的想法或意見不會讓你緊張，真正讓你緊張的是「他人的反應」。

事實上，在正式場合當眾發言時，多數人都會因為顧及別人的反應而有不同程度的緊張感，而往往穩健的台風、冷靜從容的態度要靠長期訓練與經驗累積方能養成，所以想要克服緊張、怯場的問題，除了自我的心理建設之外，平日應多多訓練自己強化注意力，同時加強身體的自控能力，一旦練習次數多了以後，就能從每次經驗中累積自信，逐漸消除緊張心理，即使被外界干擾了也能盡快恢復冷靜，不會表現得慌亂失措。

⏱ 心裡越是緊張，身體越要保持鎮定

有位心理學家曾說過一個故事，某次他參與了一項關於醫護人員臨床心理的研究計畫，他觀察到有名醫生在進行大手術前，手會因為緊張而有些微微發抖，然而執刀時的他不僅完全控制住了自己的身體，還以驚人的

鎮靜態度順利地完成手術。心理學家認為，人們的心理與生理經常相互影響，如果加強了對身體的自控能力，對於克服緊張感引發的不良反應將很有幫助，往往憑藉著意志力控制住身體小動作的同時，焦躁不安的情緒也能逐漸平靜下來，相對的，控制自我情緒同樣能讓躁動的肢體動作恢復鎮定。

當人們的情緒焦慮或緊張不安時，外界環境的變化、他人的反應很輕易就能加重心理壓力，而想要避免自己陷入慌亂失措、草木皆兵的窘境，就必須學習掌控自我情緒與身體反應，好比為了緩解當眾講話的緊張感，有人在上台前會給自己加油打氣、勤做深呼吸、活動一下僵硬的手腳，這意味著如果你對自己下達「我要冷靜、不要緊張」的心理指令，身體的各類神經系統必須同步配合才能提高效果。當然了，有些人覺得深呼吸、活動手腳並不能解決自己的緊張問題，甚至他們當眾發言時，常因緊張而有手腳不聽使喚、身體搖擺、緊抓衣擺等各種小動作，如果你也有相同的困擾，身體自控力訓練將能提供你實質性的幫助！

舉例來說，在你身心處於緊張躁動狀態時，恢復冷靜的第一步驟就是盡力保持身體的安靜，不管是坐著還是站著，都要用意志力克服身體不必要的多餘動作，尤其是手部、頭部、腳部的小動作；平日練習時，你可以保持某一種坐姿或站姿，並用意志力努力控制住自己的身體，當小動作出現的時候，就要堅決地自我制止，每天堅持做十五分鐘這樣的練習，最好以不同的姿勢來進行練習，而隨著練習次數的增加，你對於自我情緒的管理能力、身體肌肉的控制能力與意志力也將逐步提升。

事實上，每天花費一些時間進行身體自控力訓練，不僅有助於改善當眾說話緊張的問題，在遇到突發狀況、複雜問題等需要保持冷靜的時候，也能幫助你恢復鎮定，尤其對於時常要面臨激烈競爭的職場人士來說，當

自己能日漸掌握住消除緊張感與急躁心理的技巧後，無論面對多麼複雜的情況，都能憑藉著強大的意志力與自控能力沉著應對，進而戰勝所有的挑戰與難關。

　　善用四種身體自控力訓練，練就出你的沉著氣度！

◎Do it！你可以這樣做！

方法一、站姿坐姿訓練法

訓練步驟 1： 保持身體站立，調整好你的呼吸，盡可能讓身體放鬆，與此同時，保持心情平和，然後在心中以慢速默數一百下，過程中，除了呼吸和眨眼外，確保自己的身體不出現搖晃、顫抖等多餘的動作。這樣的練習進行六次之後，請稍微休息一會，之後採用坐姿進行練習。

訓練步驟 2： 用挺拔而優雅的坐姿坐定後，調整好你的呼吸，在心情平靜的情況下，心中默數一百下，然後放鬆休息，這樣的練習也要重複進行六次。

訓練步驟 3： 每天各以站姿、坐姿進行練習，堅持練習十天，十天後，不妨安排自己休息一、二天，如果狀況許可，你也可以直接展開新一輪的練習。在練習過程中，你可以根據實際狀況，自己掌控練習和休息的時間，重要的是你要堅持練習。

方法二、靜心凝神訓練法

訓練步驟 1： 保持身體站立，調勻自己的呼吸，並將目光集中於房間裡的某樣物品上，物品要能不費力地就能看清楚，然後伸出右手，手心朝向自己的臉，並將食指指尖放在右眼和所看物品之間

的直線上，隨後從內向外移動自己的手臂，直到手臂向外伸展開為止，之後手臂收回到原來的位置，重複進行這樣練習共六次。練習過程中，記得要一直保持手心朝向臉部，而且指尖始終要位於右眼與物品之間的直線上。

訓練步驟 2： 手掌側面朝向自己的臉，然後用如上的方法重複這樣的練習六次。

訓練步驟 3： 閉合食指和拇指，以同樣的方法進行練習，共做六次。

訓練步驟 4： 把中指放於直線位置上，重複如上的練習。

訓練步驟 5： 手掌背面朝向自己的臉，重複同樣的練習六次。

訓練步驟 6： 其他的手指放於直線位置上，重複練習六次。

訓練步驟 7： 將右手換成左手，重複以上同樣的練習。

訓練步驟 8： 每天堅持進行這樣的練習，持續十天，十天後，自我檢視注意力、身體的控制能力是否有所提升。

方法三、手臂畫圓訓練法

訓練步驟 1： 保持身體直立，右手向前伸直，同時伸出自己的食指指向一個方向，然後從左向右地揮動手臂，猶如在用食指畫圓一事樣，持續練習六次這樣的動作後，手臂畫圓的方向改從右向左，一樣練習六次。練習過程中要注意手臂揮動的速度不要太快，並且要一直保持手臂的平穩。

訓練步驟 2： 右手手臂練習完畢後，換成左手手臂，同樣左手向前伸直，同時伸出食指，如同上述的方式一樣進行練習。

訓練步驟 3： 左右手臂加力，同時按照上述方式，沿著正反兩方向進行這

樣的練習各六次。

訓練步驟 4：右手放鬆，從右向左不停地在胸前畫直線，共六次。之後，以相反的方向重複這樣的動作六次。

訓練步驟 5：左手放鬆，按照上述的方法，沿著正反兩方向進行練習，各六次。

訓練步驟 6：左右手臂加力，同時按照上述方式，沿著正反兩方向揮動雙臂，各做六次。

訓練步驟 7：每天堅持進行這樣的練習，持續十天，練習過程中可以適當安排自己休息，十天後，自我檢視專注力、耐力、意志力以及身體控制能力是否有所提升。

方法四、調整姿勢訓練法

訓練步驟 1：選擇任何一個看起來比較自然的姿勢，並且保持姿勢不變，然後以較慢的速度默數十下，之後稍微放鬆一下，再繼續重複這樣的練習共六次。

訓練步驟 2：選擇其他的姿勢進行相同的練習，記得每一種姿勢都要重複練習六次。

訓練步驟 3：每天堅持進行這樣的練習，持續十天，十天後，看看自己的自我控制能力是否有所進步。練習時，思維要保持專注，不要被外界打擾，盡可能專心一志地做好每一個動作，並且讓意志力灌注在自己的動作之中。

克服說話時緊張小妙招！

無論是上台報告、當眾演說，或是在會議上陳述個人意見，多數人難免都會感到有些緊張，如果想要克服緊張心理，不妨牢記以下的小訣竅，它們將能幫助你保持鎮定，從容面對臨場狀況。

萬一說錯話怎麼辦？有時與其急著道歉辯解，不如先想想如何補救圓場。

通常當人們發現自己講錯話了，第一反應就是急著道歉、趕緊澄清，但要是說話技巧沒有拿捏好分寸，你的解釋聽來就只會像是一種辯解，甚至還可能因此放大原先的錯誤，而且有時一開口道了歉，心理上的緊張感就會加深，所以某些時候與其急著道歉，不如先適度修正自己的發言，設法把話題轉向正確方向，盡可能把失言危機化為溝通轉機。

事前要掌握流程、時間限制、與會者等相關資訊，避免因為不熟悉現場狀況而緊張出錯。

上台演說、參加會議、發表意見的時候，如果不清楚流程、不曉得自己有多少發言時間、不了解與會者的背景資訊，除了很容易因為現場環境陌生、資訊過少而心生緊張外，也必須花費較大的心力才能獲取良好的溝通效果，因此事前最好先了解現場環境、談話進行流程、時間限制、與會者背景等資訊，這能幫助你妥善架構說話內容，也能思考現場要是發生了某些突發狀況，自己該如何因應處理，只要事前做好充分準備，臨場的自信心與安全感就能相對提高，緊張感自然能大幅減輕。

事前架構說談話內容、自我演練，並且在腦海中彙整出一份簡要精華版與他人進行交流時，只要事前架構好說話內容，臨場就能有條有理地表達想法，不過計畫趕不上變化，有時我們可能準備了二十分鐘的講稿與台詞，甚至私底下還演練過好多次，可是一到現

場卻被告知只有十分鐘的談話時間，或是被對方要求直接講重點就
好，而為了避免因為流程變更、時間縮短等臨時變動造成內心慌亂、
腦袋當機，事前最好能把自己的意見整理出一份簡明扼要的版本，
如此一來，就算流程臨時變動，你也能清楚陳述意見重點，不至於
荒腔走板、不知所云。

　　不要把注意力用來推測別人的反應，保持平常心，專注並清楚
表達你的意見

　　與人談話的緊張感，有時來自過度在意別人的反應，以及過度
推測別人的想法，所以在交流過程中，你只要讓自己專注做好一件
事：清楚表達自己的意見！你並不需要刻意追求表現，也不必老是
顧慮他人反應，當你十分投入於表達意見時，由內而外產生的從容
與自信，不僅會化解你的緊張感，也將吸引別人更認真地聆聽你說
話，往往這就是雙向溝通的良好開始。

3-5
記性不佳、專注力不足？記憶力開竅有良方！

在生活中你曾有過這樣的經驗嗎？上一秒還自我提醒要去做某件事，但是轉個身就記不起來自己要幹嘛？為了找一份文件翻遍辦公桌，結果發現它明明就放在最顯眼的位置上？又或者是剛剛才把某個學習章節唸完，結果馬上記不得內容？儘管有些人認為偶爾忘事無傷大雅，不過遇到關鍵時刻，記性不佳、做事丟三落四可是會帶來不良後果，好比業務員與客戶約定簽約時，若是等到雙方談到最後才發現合約忘了帶，很可能因此惹得客戶不滿而失去一筆訂單。

以往人們總認為記憶力衰退、容易忘事是老年人才會出現的困擾，實際上，身處資訊爆炸、生活節奏繁忙的現代社會，記性不好已經逐漸地成為一種文明病。許多人面對一堆工作事務與生活瑣事時，為了避免遺漏，習慣把待辦事項記錄在記事本或手機裡，並且經常同步處理多項事務，例如一邊回覆電子郵件，一邊看文件，一邊聽音樂，而這些習慣造成我們較少運用大腦去專注記憶事物，連帶地也使人越來越容易健忘；換言之，每個人的記憶能力雖然強弱不一，但越少鍛鍊記憶力，越容易導致健忘。

有些人覺得自己忘掉某些該做的事情，是因為事情太多了很難把每件事都記住，然而事實上，有時你之所以會忘掉某些事情，很可能是你根本就沒有專心記住它們！從生理角度來說，當專注力分散時，外界資訊在大腦皮層形成印記的時間越短、信號刺激越弱，也越難留下深刻印象，特別是每天我們要接收龐大的資訊，許多事情便化成碎片一樣輕輕劃過腦海，

而當你對某件事的記憶是短暫而淺層時，通常很難留下深刻印象，即便自我感覺已經牢牢記住了某件事，但只要沒有重複去記憶它，你仍然容易忘卻這件事。這意味著在你確知了某件事之後，就要不斷地加深記憶，並且藉由聯想把事情的細節、最初的記憶、大腦中原有的印象一起串連，才能持續強化對事情的印象，鞏固記憶，這就好像釘子要釘得牢固，必須用鐵鎚一次一次地打在釘子上，記憶力的運用也是如此。

　　一般說來，記憶某些資訊時，無論是一組號碼、一段話或是採購商品清單，高度的專注力能幫助我們完整記憶資訊，形成短期記憶，但想讓記憶持久必須透過反覆的回想，才能把資訊銘刻於腦海，轉變為長期記憶，而在此過程中，意志力也扮演著重要的支撐角色，往往當你越能運用意志力排除外界干擾，越能快速進入專注記憶狀態，無形中，初次記憶的力度加深了，記憶效率也相對有所提高。

　　如果你有記性不佳的困擾，在改善問題之前，必須先了解記憶的規律性，才能從中發現癥結點，對症下藥。我們可以發現當自己有意識地去思考一件事情時，記憶就會把腦海中與其相關的內容提取出來，而思考的結果與記憶具有直接關聯性，甚至快樂、痛楚、憤怒等情感因為在腦中留下強烈的印象，也能促使一個人更容易提存回憶。更進一步來說，記憶有以下八種規律可循：

　　1. 頭腦的記憶系統會在腦海裡呈現思考的圖像。

　　2. 頭腦的記憶系統喜歡關注抽象的事物。

　　3. 頭腦的記憶系統對於原則問題感興趣。

　　4. 頭腦的記憶系統能夠擴大規律的適用範圍。

　　5. 頭腦的記憶系統注重細節。

6. 對於快樂與痛楚的感知，頭腦記憶系統能形成強烈的對比和印象。

7. 頭腦的記憶系統對於數位和日期總是印象深刻。

8. 頭腦的記憶系統對於主觀感受很敏感。

每個人的記憶能力幾乎都符合以上八種記憶規律，不過在沒有經過記憶力訓練的情況下，多數人較難完全運用這些規律，而且也會有自己偏好或擅長的記憶方式，例如有人擅長記憶數字，有人喜歡圖像記憶，因此你可以檢視一下自己的記憶方式符合哪些規律，並且透過訓練逐漸強化自己不擅長或欠缺的部分。

 五種記憶力訓練法，幫助你鍛鍊記憶力！

在意志力訓練中，記憶力的相關訓練除了能鍛鍊大腦的記憶能力，也能幫助我們建立適合自己的記憶習慣，而往往經過持續性的練習後，不僅記憶力能有所進步，包括注意力、專注力、理解力、想像力、意志力也可以獲得提升。

總而言之，想要提升記憶力，戒除做事忘東忘西、丟三落四的不良習慣，最可靠的方式就是：下定決心，發揮專注力，持之以恆地鍛鍊大腦記憶能力！

◎ Do it！你可以這樣做！

方法一、觀察回想訓練法

根據許多記憶力的研究報告指出，習慣對身邊事物留心觀察的人，他們的記憶力通常會比一般人要來得強，這是因為當人們專心觀察外界事物時，注意力的集中可以加深對事物的印象，進而有效鞏固記憶，尤其是從

事偵察工作的人，例如偵探、保全人員、情報人員，由於平常要大量運用觀察力，細心留意外界的一舉一動，使得他們的觀察力極為敏銳，記憶力也連帶地十分持久而強悍。這意味著記憶力與觀察力具有聯繫關係，如果平日能持續地加以鍛鍊，不僅觀察力能有所提升，大腦記憶區也能因為持續活化，逐漸養成有效率的記憶習慣。

在日常生活中，強化觀察力、鍛鍊記憶力有許多方法，其中觀察回想訓練法可以不受時間、空間限制，隨時隨地進行練習。例如當你走進一個房間或置身某個空間時，盡可能觀察周圍的擺設物品，之後再憑藉記憶回想自己看到的事物，好比房間的大小、傢俱的排列、壁紙的顏色、特殊物品的擺放等等，通常一開始練習的時候，你很難記住全部的事物，但隨著持續性的練習，你慢慢就能掌握快速集中注意力、發揮觀察力的訣竅，與此同時，記憶事物的能力也能日漸提升。

此外，你也可以在每天臨睡之前，盡量回想自己在白天見過哪些人、遇到什麼事，而且回憶得越清晰越好。值得注意的是，觀察回想訓練法講求持續不斷的自我練習，因此每天最好能抽空自主練習，直到養成特定的記憶習慣。

方法二、閱讀背誦訓練法

無論是工作還是學習，我們都會遇到需要記憶資料的時候，如果平日能善用閱讀背誦訓練法自我練習，不但能逐步增強記憶力，還能因為掌握背誦技巧而輕鬆記憶各種資料。

訓練步驟 1： 進行閱讀背誦訓練法的練習時，你可以從報章雜誌、書籍刊物上挑選一篇簡潔明瞭的短文，但記得不要急著開始記憶它，而應詳細逐段閱讀，當你了解文句脈絡要傳達的想法後，通常對於段落大意與整篇文章的要旨也就能確實掌握，往往

對於內容的理解程度越高，越能幫助你有效記憶。

訓練步驟 2： 了解每個段落的大意後，先從第一段文字開始深入思考每個字詞、每句話的意思，然後放鬆身心，發揮專注力，開始記憶意思上下相連的文句，直到你能夠背誦完整第一段落。當你能記下第一段落後，其他段落也是採用同樣的記憶方式，並且盡可能反覆記憶它們，加強印象。在練習過程中一定要集中注意力，專心致志，但應避免死背、強記詞語而忽略了文章要表達的思想。

訓練步驟 3： 當你充分理解並完全記住這篇短文後，經常重複記憶能加深印象，你可以幾天後複習一次，幾星期後再複習一次，這能幫助你牢牢地記住它，避免記憶模糊或逐漸忘卻。值得一提的是，在你記憶了某些短文或是其他資訊之後，若能汲取它們的思想精華，並且應用到交談或寫作中，不僅能把這些資訊銘記於腦海裡，還能從中增長見聞、自我成長，可說是獲益良多！

方法三、抓取記憶要點訓練法

看到一大堆辦公文件、一籮筐學習資料就頭痛嗎？面對大量資訊時，與其囫圇吞棗地勉強死背，讓記憶支離破碎，不如鍛鍊腦力，練就抓取資訊重點的技巧，幫助自己有效記憶！

訓練步驟 1： 挑選一本書，將書中某一章節的內容向前、向後地加以擴展，擷取出重點，並且適當重複幾次，以便讓內容充滿連續性，方便自己更容易記憶。當你記下章節要點後，每天抽空回想一下，然後再對照書中內容檢驗自己是否有漏誤之處。堅持這樣的練習，直到你完整掌握書中某一章節的重點內容。

訓練步驟 2： 在每次記憶新的章節之前，一定要先回顧之前讀過的內容，
與此同時，也應自我整理出不同章節之間的要點，並且掌握
住它們與主題思想的關係。在記憶的過程中，有時不要過於
在意細枝末節、無關緊要的地方，尤其是與主題思想脫節的
段落或句子完全可以拋開不讀。

訓練步驟 3： 當你掌握了全書的章節要點後，回想一下整本書的思想結
構，然後試著用自己的話概括它們，這樣的做法一來有助於
你掌握全書的主體結構與核心思想，二來能有效鍛鍊抓取資
訊重點的記憶技巧。

抓取記憶要點訓練法需要極大的練習耐心，剛開始練習時，如果你感
覺利用書籍練習抓取重點的難度太大，不妨選擇從短文開始練習，等到技
巧熟練後，再逐漸增加訓練難度，只要堅持不懈地自我鍛鍊，最終你的理
解能力和記憶能力必定會大幅提高！

方法四、羅馬房間訓練法

當我們要記憶大量資料時，大腦記憶區如果毫無限制地塞進許多資
訊，容易造成回憶速度慢、記憶混亂等問題，但如果在腦內設置一個「記
憶櫃」，把自己記憶的資訊轉化成圖像，再按照順序進行編碼，不僅能有
條不紊地記憶資訊，提高記憶效率，日後還能準確又快速地提取記憶，而
羅馬房間訓練法（THE ROMAN ROOM SYSTEM）正是運用這樣的記
憶原理。

古羅馬人在摸索記憶大量資訊的方法時，留意到以家中物品的擺設位
置作為記憶媒介的話，在需要記憶資訊時，按照物品順序進行記憶連結，
就能輕鬆回想起記憶內容。實際應用的方法，就是先找出你熟悉的環境空
間作為「記憶櫃」，好比臥房、客廳、教室、書房等等，再從門口以順時

鐘方向確認物品擺設的位置。

　　舉例來說，從你的書房門口以順時鐘方向開始，物品擺設依序是書櫃、壁燈、沙發、書桌椅、檯燈、窗簾，當你需要記憶二十個或更多數量的資訊圖像時，可以分成五個圖像一組，把它們連結在書房的物品擺設上。好比你必須記憶牛奶、計算機、花盆、原子筆、球棒、雨傘、鏡子，你只需要把前五項物品連結到書櫃，也就是書櫃從上到下的五個格子內，放置了牛奶、計算機、花盆、原子筆、球棒，後面二項物品則連結到壁燈，也就是壁燈上掛了雨傘與鏡子，依此類推。如此一來，當你必須回想第四個圖像是什麼時，你只要回憶「書櫃」，就能輕易想起第四個圖像，而不必從第一個圖像開始慢慢回想。

方法五、劇情聯想訓練法

　　當你觀賞電影或電視影集時，是否經常因為劇情生動而印象深刻？這是因為影像與聲光效果的刺激往往會促使你動用到聽覺記憶、視覺記憶，進而提升了記憶效率。同樣的道理，在你需要記憶某些資訊時，也可以採取劇情聯想的方式幫助自己鍛鍊記憶力！

　　劇情聯想訓練法運用時，你必須先有一位劇情主人翁，以此主角作為開端，再將你要記憶的資訊，一個接一個串連起來記憶，就好像播放劇本一樣，通常每十組資訊編織出一段小劇情比較容易記憶，而記憶的長度盡量維持在三十組文字以內。舉例來說，當你要記憶經濟學家馬克思（Karl Heinrich Marx）出生於西元一八一八年五月五日時，你就可編造一段小劇情加強記憶，好比馬克思出生時，不哭不叫，醫生就打了他屁股一巴掌，可是他還是不哭不叫，醫生便再用力打他屁股一巴掌，這才讓馬克思「嗚嗚」哭出聲。一巴掌又一巴掌，就是一八一八年，嗚嗚哭出聲，就是五月五日，如此一來，對於這段小劇情所包含的資訊記憶，將會遠比單純背記

數字要來得更容易記憶、更加印象深刻。

　　由於人類的腦海容易接受電影劇情般的記憶流程，所以劇情聯想訓練法的優點在於，只要有故事情節，就能記住你必須記憶的資訊，而且隨著劇情聯想，你所記憶的資訊可以獲得鞏固，甚至成為長期性的記憶。值得注意的是，平常練習劇情聯想訓練法時，要留意圖像結合的方法是否正確，這也就是說你聯想的圖像必須熟悉又時常可見，一旦能發揮靈活的想像力與創造力，把簡單的資訊串連成劇情故事，你就能把資訊記得又快又牢！

 看看你的記性好不好！

記性不佳容易造成生活中的困擾，想要知道自己的記性程度如何嗎？看看以下的現象你符合幾項！

1. 我對人名的記憶力很差。

2. 我能使用的辭彙數量很豐富，描繪一件事情時可以使用大量的形容詞。

3. 我看電視劇時，可以輕易地記住劇中人物的名字。

4. 我不必看書或筆記，也能說出當天所學各門課程的主要內容。

5. 我感到很奇怪，為什麼有些人會拿著筆卻忘了字該怎麼寫？

6. 我不必做一大堆筆記，就能選擇性地記住有用的資訊。

7. 我對於計畫要做的事情，一般都會記著去做。

8. 我腦中總是有許多實例和趣事，可以增加說話時的趣味和意義。

9. 記憶單調的資訊，我經常會利用一些小技巧。

10. 我一般能記住一些重要日期，例如親友生日、固定繳費日期。

結果分析

符合 3 項以下：

你的記性有待加強，平日應善用記憶小技巧，幫助自己提升記憶效率，唯有勤加鍛鍊記憶力，才能避免記性越來越退化！

符合 4～6 項：

你的記性不好不壞，不過通常只願意記憶自己認為有必要的資訊，一旦遇到必須記憶但自己卻不感興趣的事，就會覺得枯燥乏味，事實上，有時轉換一下記憶方式便能改善這個問題！例如你擅長記憶圖像，很討厭記憶數字，那麼與其死背數字，不如在腦海中聯想手機數字按鍵的圖像，然後再對照數字資訊去記憶，如此一來，記憶數字也可以變成是一件輕鬆的事情。

符合 7 項以上：

你的記性不錯，這為你帶來了許多生活上的方便，請繼續保持動腦記憶的好習慣，以便讓自己的大腦記憶區能更加靈活！

第 **4** 章

想要人際關係一把罩？
意志力 氣場為你加持！

Concentration
and Willpower

4-1
意志力為你的好人緣加把勁！

在日常生活中，我們每天都要與許多人交流，無論是鄰居、親朋好友、客戶、上司同事、同學師長或是陌生人，如果能與他人的互動關係融洽，不但處理事情時能獲得他人協助，左右逢源，精神生活也能愉快平和。正如有句話所說的：「廣結善緣，行遍天下。」良好的人際關係能為人生帶來諸多益處，然而人際關係具有浮動性，唯有以真誠的態度持續經營才能緊密維繫，換言之，培養良好人際關係是每個人必須終生修練的重要課題。

現代社會的人際交流頻繁，互動方式也隨著科技發展而更為便利，但不管人與人之間的溝通模式如何多樣化，想要擁有好人緣、廣受他人歡迎，我們都不能忽略了「意志力」在人際互動中所扮演的角色。

從個人言行表現來說，意志力不僅擁有最高指揮權，也是展現人格特質的核心力量，所以無論你希望自己在他人面前展現何種風貌、自我期許成為什麼的人，只要善用意志力就能提高實現目標的機率；這意味著即便你不擅長與人交流、社交能力有待改進，如果能依靠意志力驅策自己做出改變，那麼建立自身人脈資源、拓展社交網絡都將不再是難事。

由於人與人之間的交流，多半倚重於口語交談，因此「說話藝術」可謂是經營人際關係的基礎必修學分！舉例來說，有些人說起話來滔滔不絕、心直口快，有時無意中得罪他人還不自知，事後才懊悔自己的失言，當然了，說太多、說太快容易壞事，說太少、說太慢也會導致冷場，尤其

過於沉默寡言的人，常讓別人不知怎麼接續話題，甚至被誤會是對人態度過於冷淡傲慢，久而久之便影響了人際關係。反觀那些善於和人交談互動的人，他們就算遇到初次見面或不擅言辭的人，也能與對方聊得愉快又熱絡，這是因為與人交流時，他們對於身邊人事物與對方反應會仔細觀察，並且懂得運用周邊環境或對方背景作為話題，好比讚美對方「你的領帶很特別」，或是以出生地、就讀學校、工作領域等共通點展開話題，進而逐步拉近心理距離，免除無話可說的尷尬場面。

很顯然的，進退有據、說話得體的社交技巧，在在都影響了人際互動關係。有位素來以機智聞名的法國政治人物曾被記者問道：「法國女人是不是真的比其他國家的女性更迷人？」他毫不猶豫地說：「對我來說是的！巴黎的女人二十歲時美如玫瑰，三十歲時動人如情歌，而四十歲時就更加完美了。」記者又追問：「那麼四十歲以後呢？」他微笑地說：「不論一個巴黎女人幾歲，看起來都不會超過四十歲。」這則小趣聞反應出幽默得體的說話藝術，不僅能令聽者如沐春風，還能在關鍵時刻化解溝通危機！

如果平日你常被人評論為說話不經大腦、禍從口出，或是不擅長與人互動交談導致頻頻冷場，為了避免人際關係受到不良影響，改變自己的重點，除了要懂得發揮觀察力、專注力與意志做到「察言觀色」外，自我修正某些談話習慣，並且學習掌握談話技巧，才能在與人交流時取得良好的溝通效果，往往隨著經驗累積與持續性的自我提升，不僅可以增添你的社交魅力，也能有效拓展並維繫人際關係，擁有廣受歡迎的好人緣！

改掉不良的說話習慣，留給別人好印象！

不良習慣一：老是無意中得罪別人、說出不該說的話？

　　心直口快的人常是想到什麼說什麼，儘管有人認為這是性情率直的表現，然而發言前如果不顧場合、不經思考，有些脫口而出的話很可能會引發不必要的誤會，尤其要是不小心把某些秘密如業務機密、他人隱私等資訊透露出去，不僅會留給別人嘴上不牢靠、說話不懂分寸的惡劣印象，也很容易造成人際關係的信任危機，嚴重的話，甚至還將釀成重大糾紛。如果你經常因為一時嘴快而惹出事端，就應改正缺點，並且養成「慎思謹言」的發言習慣，避免自己禍從口出！

Do it! 你可以這樣做！

❶ 管好自己的嘴巴

　　每天起床的時候，回想一下生活上和工作中的重要事情，從中你也許會發現有很多事情並不適合隨意告知他人，而對於那些不該輕易吐露的事情，要自我提醒牢記在心，管好自己的嘴巴。此外，和別人交談時要顧及對方立場，一旦發現對方似乎有難言之隱，有時與其追根究底、刺探消息，讓對方為難或心生不快，不如各自堅守保密防線，留給雙方舒適的交談空談。

❷ 每日自我反省

　　每日睡前總結自己當天的言行表現，並且學會以換位思考的方式回想自己有沒有說話不得體、說話衝動的情況，如果有失誤之處不妨記錄下來，仔細思考解決之道，以免日後又再度犯下同樣的錯誤。舉例來說，當同事提出某個建議時，假使你覺得對方的思考方向偏離主題，於是脫口而出說：「這根本不是重點，現在沒必要浪費時間討論吧。」儘管站在你的

立場這是就事論事，然而換位思考一下的話，就能體會到如此不留情面的說法，很可能讓對方心裡不舒服，從而影響雙方互動。倘若換個委婉說法情況就不同了，比如：「這提議挺有意思的，如果能先解決某個問題的話，可行性會更高。」然後適時把話題引導到主要方向上，如此一來，談話氣氛既能保持融洽，又能讓討論有效率地進行。總之，與人交談時，善用同理心、注意措辭、避免盲目衝動，不僅有助於促進與他人的互動關係，也能留給他人友善有禮的良好觀感。

❸ 確實做好檢討紀錄

任何習慣的戒除與養成都需要自發性的堅持，因此每天早晚的自我省思也必須持續進行，直到你與別人交談能自然而然地「慎思謹言」，而不用自我提醒說話要注意。此外，改正說話習慣的期間，你可以每隔十天檢視自己的紀錄，看看自己是否有所進步，又有哪些部分需要加強，如此堅持三個月之後，你與他人交談互動時的氣氛必定能比往常融洽。

不良習慣二：說話沒重點，組織能力低落？

各種人際關係的建立與維繫都少不了互動交流，而當我們與人交談時，不管是工作討論或日常社交，清楚表達自我意見才能促進雙向溝通，但要是說話冗長沒重點、組織能力不好，往往會讓對方失去耐心，萬一又碰到有發言時間限制的場合，更是直接影響溝通效果。一般說來，說話之所以會雜亂冗長，一來是因為組織能力不佳，無法掌握意見核心，二來是詞彙量不夠豐富，難以運用簡潔詞彙取代，這便意味著解決問題必須從增加詞彙量、學習簡潔扼要的發言做起！

⊚ Do it！你可以這樣做！

❶ 以表達原始想法為主

　　當我們想說明或表達比較複雜的事情時，為了讓聽者能更容易理解，在構思與組織語言的過程中，就必須斟酌用字、抓取重點，確保語句流暢易懂、簡潔扼要，而這種提綱挈領的技巧，平日可以透過自我練習逐日養成。好比當腦中浮現某個想法時，不用刻意修飾地一句一句寫下來，然後自己讀上幾遍，注意讀念的抑揚頓挫，並且思考一下這是否有完整表達原始想法，如果有不滿意的地方就嘗試修改，接下來，針對這些語句進行逐步縮減，直到它們能濃縮成幾句短語又不改原意。隨著練習次數的增加，你會發現自己對於用字遣詞的掌握能力有所提升，並且在口語表達時也不再出現過多的冗詞贅語。

❸ 練習總結資訊的能力

　　每天閱讀一些語言質樸簡潔的作品，並將其中較好的句子或段落抄錄下來，這不僅能幫助你增加詞彙量，也可以從中學習如何運用關鍵字詞架構想法；此外，你也可以在符合文章原意的前提下，嘗試縮寫一些長篇文章，並且力求簡潔扼要、提綱挈領，往往這樣的練習能讓你提升歸納資訊的能力，同時逐步改善說話雜亂冗長的問題。

不良習慣三：說話容易誇大不實？小心失去別人對你的信任度！

　　與人交談時，你是否會忽略了發言內容的「準確性」與「可信度」？有些人認為平鋪直敘的說話方式不夠生動，說話時偏好採用誇張詞句，並且過度渲染自己的感受與看法，結果導致事情的真實性無形中有所扭曲，甚至不慎得罪他人，久而久之，不僅會降低別人的信任度，還會給人留下說話浮誇、做事不夠踏實、表裡不一的觀感，十分不利於人際關係的經營。

如果你曾被人評價說話誇大其詞，唯有改正自己的說話習慣，才能避免成為不受歡迎的人物！

🎯 Do it！你可以這樣做！

❶ 務必實事求是

看待事情時，片面又武斷的猜想容易造成曲解，因此說話時應極力避免主觀想像，這就好比把自己的大腦當成一名法官，嘴巴就是證人，證人的義務就是陳述聽到的、看到的事實，而不是個人主觀臆斷的想法，因此與人交談時，要時刻警醒自己秉持實事求是的態度，改變誇張虛飾的講話方式，並且培養簡明流暢的說話風格，盡可能讓自己說話時言簡意賅，從而提高談話的可信度。

❷ 言語要中肯勿加油添醋

在生活中，你也許會發現這樣的現象，一個人講故事時，為了使故事更加生動有趣，講述者會添加一些虛構的部分，而聽故事的人又按照自己的理解再予以渲染，最後這個故事便演變出許多版本；同樣的道理，人與人之間的交談常會因為表達方式的不同，讓事情衍生出不同的走向，有時誇大其詞、過度渲染的後果，便是讓自己成為他人心中的謠言散佈者、搬弄是非者，而這對於社交形象與人際關係來說，無疑會造成巨大的殺傷力。

當我們想表達或描述某件事情時，必須摒棄毫無意義的想像力，盡可能從客觀、實際的角度看待事情，並且用清晰、流暢、簡潔的話語闡述自己的所見所聞，換言之，在生活中你碰到某種情況，需要向他人表達或說明時，內心不要急躁，試著用簡潔的語言把事情說清楚，同時避免使用過多的形容詞，以及帶有強烈情緒意味的用語，往往簡單而誠懇的言論更能

博得他人的信服。

不良習慣四：說出反對意見老是惹怒別人？

許多人對於向別人說出反對意見感到頭痛，假使直接跟人表示「這想法不好」、「我反對這個提議」，有時可能會招致別人的不滿，遇到重大事情時還可能讓別人惱怒，破壞彼此關係，而想要避免雙方意見不和、關係緊繃的局面，就必須具備婉言反對他人的本領！

🎯 Do it！你可以這樣做！

當你要反對別人時，請記得要委婉表達，不要損及對方的自尊，或是使人感覺不舒服、難堪、沒有面子，因此最好的結果就是，你雖然站在對方的對立面，但對方仍能心平氣和與你溝通，一旦雙方都能理性討論，就不會讓對話淪為意氣之爭。在學習這種委婉反對的方法時，你應注意下列的五大原則：

1. 開口前務必思考自己的措辭，選擇能安撫對方情緒、不激怒對方的中性語言。

2. 你應該向對方解釋自己反對的理由，言詞不要含意不清，說話口吻要堅決而有禮。

3. 不要用質問的態度說話，也不應把責任全推給對方，以免引起對方情緒反彈，造成爭執。

4. 交談過程中就算自己有理有據也不要咄咄逼人，必要時，不妨向對方表達自己的反對是希望能圓滿解決雙方的困擾，避免讓對方感到難堪或下不了台。

5. 無論最後溝通結果如何，永遠記得要善用機會去修補雙方的關係！

堅定你的意志力，善用溝通技巧引導對方的意願

常言道：「說話是一門藝術。」一個能夠善用溝通力量的人，無論是提出意見、表達觀點、閒話家常或是與人商量事情，都能在無形中提升與他人的互動關係，進而編織出屬於自己的人際關係網絡。這意味著人際溝通的目的，主要是在引導對方的意願與感受，並且建立互動關係，換言之，與人溝通的過程講究實效，也就是希望影響對方的態度與觀感，並讓對方採取符合自己心意的行為，而這也考驗著我們是否能堅定自己的意志力，藉由語言的力量主導話題，逐步引導對方產生認同感與信任感，達到最終的溝通目的。平日我們如果想與別人進行有效的溝通，同時深化彼此的互動關係，可以從以下六點做起！

🎯 Do it！你可以這樣做！

❶ 提問之前，提供必要資訊，別讓對方一頭霧水

日常生活中你可能有過這樣的經驗，在沒有被告知詳細原因的情況下，別人突如其來地便拋出一個問題，通常很多人的反應是莫名其妙，並且感覺難以回答，因為不清楚對方為什麼要這麼問，而這個問題又該從哪個方向回應比較妥當，結果就讓談話氣氛陷入尷尬局面。因此，我們與別人交流時，遇到要提出問題之前，應該先說明情況，意即告知對方自己提問的用意，以及事情的來龍去脈，如此一來，就可以避免對方自行猜測而產生誤解。值得注意的是，交代事情的來龍去脈時不要太過囉嗦，有時講得太多反而容易模糊焦點，而且使對方感到困擾，我們只要提供足夠的資訊，讓對方知道該如何作答就好。

❷ 別自己拚命說，聆聽對方、了解對方，才能有效溝通

有效的溝通是指雙方能交流意見，而不是單方面拚命說自己想說的

話，完全無視對方的想法，因此與人交流時，想要提高溝通效果，除了要做到清楚表達自我意見之外，也必須認真聆聽對方的說法，藉以從中知悉對方最在乎、最關注的部分，如此一來，才能了解彼此的看法差異點，進而尋思解決之道，逐步化解歧見，建立共識。

此外，當你與他人展開對談時，主動向對方表達自己願意聽取對方意見，通常能鼓勵對方積極發言，並且讓對方感覺受到尊重，而在聽取對方意見的時候，不要急著回應或是分心思考怎麼回答，你必須集中精神聆聽對方的話，確保自己能真正掌握對方的想法，如果你不確定自己是否正確理解了對方的說法，不妨重複一次對方的說法，並且詢問對方自己的理解是否有誤，如此才能讓雙方針對實質問題展開討論，同時避免雞同鴨講，或是因為會錯意而產生不必要的誤會。

❸ 營造愉快的談話氣氛，有助於建立彼此的互動關係

在人際互動過程中，愉快和諧的談話氣氛可以幫助人們卸下心防，拉近彼此距離，因此當我們與別人交談時，應該留意對方的情緒反應，如果對方表現得很緊張，比如眼神迴避、不知所措、坐立難安，通常意味著對方有所防備，並且對於交談有抵觸心理，此時必須設法化解對方的緊張情緒，才有可能達到良好的溝通效果。

你可以試著用輕鬆話題展開對談，盡可能展現友善、不具攻擊性的態度，等到談話氣氛沒有那麼緊繃了，再逐漸引導對方進入談話主題。談話過程中，你應牢記雙向溝通的目標不單是解決問題，也在與對方建立融洽的互動關係，確保雙方能從容不迫、無拘無束地對話，才有可能提高交談效果！

❹ 交談時間有限的時候，說話務必簡潔扼要、直陳重點！

現代生活繁忙，處理各類事務都要求快速又有效率，既然每個人的時間都很寶貴，當你與他人的交談時間有限時，如何才能做到花最少的時間卻取得最大的溝通效果呢？其實無論是一對一的交談，還是小組討論會議，最有效率的談話方式便是：直陳要點！

當談話展開的時候，簡潔陳述你的意見重點，然後再進行補充說明，這樣做的好處是能讓聽者立即掌握你的主要觀點，繼而直接針對核心問題進行討論，節省雙方的時間。值得注意的是，有時因為實際狀況的變化，預定的談話時間可能遭到縮減，因此事先最好能組織好你的發言架構，並且歸納總結出自我意見的要點，如此才能幫助自己從容因應時限問題。

❺ 談話氣氛冷颼颼？善用引導技巧獲取對方回應

有效溝通講求雙方的意見交流，鼓勵對方積極發言、引導對方做出回應，往往可以加速雙方化解歧見，建立共識，並且增進彼此的互動關係，這也意味著遇到拙於言詞或是沈默寡言的溝通對象時，你必須設法打破僵局，提高對方的交流意願。

當你發現對方對談話內容興趣不高，或是互動態度明顯消極時，不妨仔細觀察對方的肢體動作與臉部表情，以便確認對方是在思考如何回應，還是心不在焉，又或者是對談話失去耐心？如果對方的狀態不適合繼續交談，與其勉強交流，不如向對方委婉表達改日再談的建議，畢竟談話的時間、場合與當下氣氛都會對溝通效果產生影響。如果對方並非抗拒交流，你可以嘗試轉換話題，或是詢問對方對於你的觀點有何想法，而你是否有表達不清楚並讓對方感到困擾的地方？總之，只要能以溫和友善的態度逐步引導對方做出回應，慢慢地讓氣氛活絡起來，就能拉近彼此的心理距離，一切就好溝通了。

❻ 把握每次的交談機會，並與對方產生情感共鳴

在日常生活中，我們與他人交流應記得情感共鳴的重要性，而博得他人好感有三大基本交談原則：尊重對方、換位思考、了解對方的關注點。很多人都聽過一句話叫「話不投機半句多」，當我們希望與別人建立友好關係時，就必須學會尊重對方的想法，並且從對方的觀點看待事物，如此才能理解對方的關注焦點以及最在乎的事物，進而投其所好，讓雙方能藉由具有情感共鳴的話題增進互動。

事實上，人與人之間的交流包括了理性層面與精神層面，當互動雙方的情感能產生共鳴點時，即便彼此之間存有歧見或紛爭，多半也能因為逐漸理解對方而消弭於無形之中，溝通效果與互動關係也較能深刻而持久。這便意味著真正有效益的溝通不在於駁倒對方言論，而是在每一次的交談中都能贏得對方的好感與欣賞！

🕐 掌握談話技巧，不必再擔心與人溝通不良！

無論是在公司、學校、社交聚會等各類場合上，我們與他人交流的過程當中，有時難免會出現溝通不良的問題，如果能善用以下的七點建議改善溝通技巧，將能有效避免跟人雞同鴨講、話不投機，從而提高溝通成效！

🎯 Do it！你可以這樣做！

❶ 明確雙方溝通的目的

與人交談前，你必須清楚知道彼此的溝通目的，以便思考如何讓談話具有建設性，好比你與對方打算一起商量解決某個問題，那麼你關注的焦

點就應擺放在「如何共同解決」，一旦事前能確認溝通目的，你就可以構思自己的發言內容、談話策略，並於談話過程中掌握話題主軸，提高溝通效果。

❷ 選擇恰當的溝通場合與情境

依據你的溝通目的，慎選溝通場合與情境，往往這會直接影響你與他人的溝通效果，例如你想與同事討論某個企劃案，選擇在辦公室交談最為妥當，但如果你想與同事談論私人問題，約在咖啡廳等場合私下交流，雙方才能暢所欲言。學會聰明選擇溝通的場合與情境，不僅可以幫助你提升溝通效果，也可以杜絕不必要的干擾。

❸ 選擇恰當的時間溝通

當你想與他人溝通時，挑選一個恰當的時間點才能讓彼此從容對話，好比不要選擇在對方忙碌或者準備要外出的時候談話，因為這時對方多半很難靜下心來與你交談，而且在交談時間不夠充裕的情況下，很可能由於來不及完整表達意思而產生誤解。

❹ 牢記溝通是雙向對話

對話過程中不要急著表達，也要仔細聆聽對方的意見，鼓勵對方多發表意見，可以幫助你掌握彼此的意見差異，從而有機會快速化解歧見。

❺ 思考溝通策略

當你準備與人溝通之前，務必問自己三個問題：我要對方知道什麼訊息？我希望讓對方感受到什麼？我應該要做些什麼？你的發言內容若能圍繞這三個問題展開，臨場就能掌握住話題主軸，並且逐步朝向你的溝通目標邁進。

⑥ 簡單就是力量

學會直陳重點的發言方式，尤其是面對某些複雜的問題時，發言內容越是簡潔扼要，越能讓對方針對問題展開討論，有時快速而有力的溝通節奏，不僅可以節省談話時間，也能避免雙方在枝微末節上打轉。

⑦ 與其臆測對方，不如了解對方

當你希望別人接納你的看法與原則時，別忘了對方也有同樣的期待；當你認為對方只是用他自己的角度論斷你時，別忘了你可能也犯下同樣的錯誤。請牢記雙向溝通是增進了解、化解歧見、凝聚共識、建立並深化互動關係的過程，與其片面臆測對方，不如把心力花費在了解對方的觀點，唯有理解彼此在看法上的差異點與相同點，才有可能商議出彼此都滿意的答案。

4-2
動搖他人意志力，贏得信服！

在日常生活中我們都會遇到需要與人交換意見、溝通商議的時候，小從購物討價還價，大到各類談判，無一不是考驗著溝通能力與說服力，而往往說話具有說服力的人，除了能清楚表達自身意見與立場外，還能化解與他人的歧見，凝聚彼此共識，所以這類人通常也擁有良好的人際關係與一定的社交影響力。這也意味著，一個具備說服能力的人，他在處理工作或日常事務時，比較能夠爭取到他人的支持與認同，而且還可能因此成為一名意見領袖，獲得他人的扶持和幫助。

儘管說服力可以為我們帶來許多好處，但是很多人常苦惱於自己沒有優異的口才，每當想要說服別人認同自己的意見、強調自身立場的時候，老是費盡唇舌還不能清楚表達想法，有時還會被別人的幾句話堵得啞口無言，結果越急著向人說明，思緒越容易混亂，要是一不小心用詞不當，還會造成別人的誤解，使得彼此之間的意見鴻溝越來越大，甚至損害彼此關係。

或許你也曾有過這樣心有餘而力不足的感覺，並且羨慕那些能侃侃而談、思路清晰又富有語言魅力的人，其實在說服他人認同自身觀點的時候，很多人之所以會思緒混亂、詞不達意，經常是因為過度在意對方反應而產生心理壓力，而往往在這樣的狀態下，專注力、思考力與意志力很容易受到干擾，一旦遇到氣勢強、反應敏捷又意志堅定的人，恐怕就會先被對方說服了！換言之，說服的過程就是動搖別人意志的過程，要是自身意

志力薄弱、口語表達能力不佳、欠缺自信心，又要如何令人信服，願意轉而支持、認同自己呢？

　　一般說來，日常生活的談話與說服他人的談話有所區別。日常談話多半是以句子為基礎，較少發展成段落式，而說服他人的談話則講究發言內容的連貫度和完整度。舉例來說，假使你希望說服客戶接受某個特定優惠方案，你必須先思考自己該如何陳述意見，才能讓對方認同你的建議，與此同時，也要設想「異議處理」的方式，比方當對方提出質疑、希望價降或是要求修改某些條件時，你如何回應才能滿足彼此雙方的需求，當然最重要的是，過程中必須展現出自信態度，這不僅能為說服他人添加印象分數，還可以幫助自己減輕心理壓力。

 ## 善用三種法則培養你的語言魅力

　　當然，增強說服力並不是一朝一夕的事情，平常除了要學習和吸收更多的知識外，也應積極擴展自己的詞彙量，以便能更清晰、更準確地表達思想，在此我們提供以下三種提升說服力的訓練法則，只要堅持努力練習，你一定能日漸練就出令人折服的說服力，並且有效提升專注力與意志力！

🎯 Do it！你可以這樣做！

❶ 多方吸收新知，增廣見聞

　　闡述問題、陳述意見的時候，為了獲得他人的認同，我們必須讓對方了解自己為何要這麼說的理由，意即說之以理，往往越能說明自己的立論依據，越能顯現發言內容的實質意義，尤其說服他人時，提供佐證自身言論的資訊、善用實際例子舉證，可以加強發言內容的說服力，也更能取信

於人。因此平時若能養成吸收新知、增廣見聞的習慣，不僅能幫助自己拓展思想的深度與廣度，在與人交流時也能因應實際情況提出有力例證，掌握話題主導權。

舉例來說，知名企業家艾科卡（Lido Anthony Lee Iacocca）進入美國福特汽車公司（Ford Motor Company）工作後，隨著職位的不斷晉昇而成為總裁，只是在他任職八年期間，由於屢次和老闆發生衝突，導致他最後黯然離職。日後，艾科卡在自傳中曾回顧這段人生低潮期，當他快要絕望的時候，他的父親以一句話拯救了他：「沒有哪個夜晚等不到天明。」黑夜過後就是黎明，這是大自然的現象，但用來比喻人生際遇的起伏卻具有激勵艾科卡的效用，這也說明了「譬如」、「譬喻」、「比喻」都是提高意見說服力的有效方法。

此外，當你試圖說服他人、表明自身立場時，為了讓對方明白你的重要觀點，善用例子輔助說明雖能增進理解，但應注意所引事例的真實性與恰當性，以免弄巧成拙，這也意味著平時吸收和學習新知時，不能只是累積資訊而忽略了整理分析的功夫，唯有從中汲取出精華思想，轉為己用，你才能在想利用它們的時候信手拈來。

❷ 豐富詞彙，多讀、多聽、多記、多用

人際溝通是訊息交換、增進瞭解的一個過程，而「詞彙」則是口語表達的基礎材料！當我們面對不同的交流對象時，必須以對方能了解的詞彙語言進行交流，如此才能在明確陳述己見的同時，讓對方理解並認同自己真正的想法，進而避免意見被過度延伸，減輕他人誤判語意的機率。舉例來說，假使你是電腦銷售員，面對一個熟悉電腦軟硬體配備的客戶，以及一個對電腦操作還不甚熟悉的客戶，你說服他們購買商品的說法、強調的重點必然有所不同，交流過程中你選用的用詞、用語也自然會因人而異，

這便意味著豐富自身的詞彙，才能依照實際情況隨機應變。

　　事實上，增加自己可用的詞彙數量是提升說服力的重要課題之一，這除了能幫助你增添語言魅力外，也能因應說服對象、交流場合的不同，選擇有效陳述己見的溝通方式，直擊對方心房，而平時我們可以按照多讀、多聽、多記、多用的「四多原則」逐漸豐富詞彙庫！所謂的多讀就是養成閱讀習慣，吸收各類詞句；多聽就是多傾聽他人交流時的話述，學習把握談話重點；多記就是盡量讓自己記憶學習到的詞彙；多用就是實際運用所學的詞彙，唯有經常使用它們才能抓住「語感」，也才能讓自己妥當運用。總之，詞彙的豐富程度需要日積月累的沈澱，善用四多原則增加詞彙，與人交流、說服他人時，就能避免陷入辭不達意的窘境，同時散發自信從容的說服魅力！

❸ 勤說勤練，提升感染力與表達力

　　無論是說服他人或單純發表個人意見，準確地表達意見、傳遞自身情感將有益於提高溝通效果，而為了能清晰流暢地陳述己見、增加他人的情感共鳴，平日應勤加練習口語表達能力，好比試著以不同的語調和說話方式闡述意見，從中體會它們的區別，當你能有意識地運用聲音表情後，漸漸就能掌控自己的語氣與語調，從而增添語言的情緒感染力。

　　此外，要學會運用詞彙進行思考，摸索出清楚表達自身意見的方式。你可以在內心思考一個主題，聯想一個又一個句子，然後大聲地讀念出來，發現有錯誤或不妥的地方立即進行修改，如此反覆地進行下去後，慢慢地就能將零散的詞彙、瑣碎的瞬間念頭整理成有條有理的想法，往往經過日積月累的練習後，不僅能培養出敏捷的思考能力，還能簡潔扼要地直陳重點。

戰勝緊張心理，培養從容風範

許多人在說服他人時，普遍都會產生緊張心理，特別是當事情越具有重要性時，心理壓力將越大，甚至容易因為對方的反應而心慌意亂，而之所以會產生緊張心理，可以概括為以下三大主因：

一、你不熟悉自己所要說服的對象，並急於讓對方認同你的觀點

當你不熟悉說服對象的立場、觀點與相關背景時，多半必須藉由語言試探、觀察對方反應逐漸獲得資訊，然而很多人卻經常急於說服對方，並且過度放大或主觀臆測對方的反應，結果不但造成自己心理上的忐忑不安，還打亂了腦內思緒和談話節奏。例如對方沒有及時做出回應，就開始疑心自己是否說錯話，又或者對方給予的反應不如預期，便擔心自己沒有把意思表達清楚，凡此種種都直接或間接影響了溝通效果。

事實上，談話雙方從陌生、了解彼此觀點、相互交流到展開說服的過程，除了各陳己見外，也需要傾聽對方，有時與其急於發言，不如耐心傾聽，因為越仔細傾聽對方的說法，越能了解對方的個性或真實想法，自然也就能深入掌握對方最在乎的部分，進而從中拉近距離，消弭歧見。最重要的是，當對方的反應與你的預期有落差時，你應該告訴自己：「他跟我都是平凡人，我會緊張不安，他也會有同樣的感受。」如此一來，你就不會因為對方的氣勢、社會地位、臉部表情等因素而轉移注意力，與此同時，你也能緩和緊張，坦然發言。

此外，當你發現對方的表情有所改變，或是外在環境有所騷動時，不要慌張、也不要將注意力放在上頭，因為這只會擾亂你的思緒，最好的因應之道是：專心回想你的發言主軸，試著把意見完整陳述。通常在經過多次的經驗累積與體驗之後，你就會發現自己不再那麼容易緊張，臨場反應也會越來越靈光。

　　積極地訓練自己的口語表達能力，語調、語氣等不要顯得很生硬，要富有表情，生動有趣。如果表現得不夠好，也不必過分在意，從中吸取教訓，把握好以後的機遇就可以了。如果成功的話，就找出成功的原因，以此知曉自己的優勢是什麼。重要的是，一定要抱定成功的信心。

二、平日缺乏口語表達能力的鍛鍊，臨場表現不靈光

　　無論是演說或說服他人，想要打動聽者的心房，採用與朋友親切交談般的語言風格最具效果，往往平易近人、簡單生動、直陳重點的說話方式，既能營造和諧的溝通氣氛，又能自然拉近心理距離，然而對很多人來說，這恰好是知易行難的一件事！不少人都有過這樣的經驗，自己與親友交談時能侃侃而談，但一遇到熟悉度不高的人，因擔憂冒犯對方、害怕自己失言的緊張感，常讓表達能力瞬間退化，臨場表現更是荒腔走板，如果你也有這樣的困擾，最根本的解決之道就是勤練口語表達能力，強化自信心。

⊙ Do it! 你可以這樣做！

　　嚴格說來，口語表達能力的鍛鍊重點，除了要能清楚表達自己的意見重點外，也包括了聲調、語氣、肢體語言、眼神、臉部表情、儀態等方面的練習，平日你不妨從以下三大方向展開基礎練習：

❶ 練習控制自己的眼神視線

　　我們與他人對話時，眼神若飄忽不定，很容易被視為是心虛、心不在焉的負面表現，但過度直視對方的眼神，又會帶給對方心理上的壓力，甚至讓對方感覺自己被冒犯了，所以最適當的注視方式，應該是將視線放在對方的鼻子和雙眼之間，這既能讓對方感受到你的尊重，又不會產生壓迫感，值得注意的是，注視對方的時間不要過快也不宜停留過久，大約以三秒到五秒最為恰當。

❷ 練習掌握說話速度與音量大小

語言溝通的目的在於讓雙方增進瞭解，說話的速度則會影響溝通效果，好比說話速度太快會讓對方聆聽時倍感吃力，但說話速度太慢又容易使人感覺沈悶，因此與人交談時，最好能隨著當下情況調整自己的說話速度。基本上，適當的說話速度可以讓你的字音清晰，並且確保對方清楚明瞭你的意思，當速度快慢恰當時，你的話語聽起來也會自然地充滿感情。

此外，一般正常情況下，我們說話的音量是以對方能清楚聆聽為標準，過大或過小的音量容易形成溝通障礙，因此在與對方交談時，除了應適時調整音量大小外，也要注意每句話的聲調高低與抑揚頓挫，往往這是贏得對方注意力、增加個人語言魅力的關鍵之處。

❸ 練習良好的儀態

與人交談時，保持良好的儀態不僅是種禮貌，也是對他人的尊重，尤其是站立或入座時，如果能讓自身的儀態從容大方，將能提高他人的好感。平日我們可以站在鏡子前練習自己的儀態，以及臉部表情、手勢等肢體語言，例如站立時應讓自己保持抬頭挺胸的姿勢，這能給人充滿精神、具有信心的觀感，至於雙手的擺放姿勢，只要自然地下垂於身體兩側即可，此外，你可以假想某些對話，試著運用手勢與臉部表情去強化你的語氣與內容。

以上三大方向的口語表達能力訓練，如果能持之以恆地練習，漸漸就能培養出從容大氣、富有感染力的言行表現，並且塑造個人的社交風範，從整體而言，這不僅可以有效增強說服他人、與人交流時的自信心，也能留給他人良好的第一印象，提升溝通效果。

三、意志力薄弱，臨場應變能力不佳

在說服他人的過程中，堅定的意志力至關重要！當你與他人面對面交談時，如果產生了緊張、慌亂、畏懼等心理，往往很容易思緒紊亂、不知所措，此時要是意志力不夠堅定、應變能力不佳，就會被對方牽著鼻子走，失去話語主導權，內容偏離你設定的說服主題。事實上，無論談話過程中遇到何種棘手狀況，保持冷靜、堅定自我意志，才能妥善思考應變方式，換言之，想要讓自己遇事臨危不亂，平日除了應提升自我意志力之外，也應多多練習保持鎮靜的技巧。

交談過程中，保持鎮靜的技巧首先是專注於自身的思想主軸，盡可能降低外界給你的干擾，其次是不要因為急於改變場面而衝動行事，例如馬上反駁對方、與對方爭論，或是為了快速說明自身想法，完全不顧對方反應而自說自話，此時你可以試著平和地重複一次對方的想法，然後向對方確認自己的理解是否正確，以便爭取鎮靜心神、考量應變方案的時間。尤其當對方情緒激動時，你越要控制自身情緒，只要掌控住談話的行進節奏，慢慢就能舒緩緊張或心理壓力，並把談話內容引導至自己希望的方向。

值得注意的是，很多人碰到對方講話激動時，習慣脫口而出說：「你冷靜一點。」其實這反而更容易造成對方不悅，甚至刺激對方情緒，這時不如多採用中性用語讓對方恢復冷靜，好比說：「你剛剛說的有點快，可以請你說慢一點嗎？」或是「你說的我理解，可以聽聽我的想法嗎？」總之，成功的說服是雙方達成共識、互惠互利，而不是走向「贏者全拿」的局面。

 意見表達能力檢測

　　不管是自己或他人的意見，如何察覺意見是否適當？論點有沒有瑕疵？若有問題，問題在哪裡？諸如此類的疑問都要經過分析之後才能明確知曉，而當我們想提昇意見表達能力時，不妨運用以下羅列的「意見分析檢視表」進行檢測，看看自己的意見表達能力有哪裡需要改進加強！

　　從表中我們可以知道，分析意見的檢視項目有十點，每一點都是分析意見的有力測量標準，並能讓你自由分析、診斷、評價所有的意見，最重要的是，你不但可以以綜合的觀點來檢視自己的意見力，也可以鉅細靡遺地分析、評價別人的意見力。

　　當你想就分數來評價意見時，就憑著直覺在各個項目中填上十分、八分、六分、四分、二分、零分等六種分數，滿分是一百分，合計你的實際總分後再加以對照，就可以知道你的意見力等級。當然了，若進一步從細則當中觀察，你也可以判斷出意見在哪個環節有問題，或是需要補強、修正哪個部分，繼而有效提高整體意見力的表現。

意見分析的檢視表	
檢視項目	重點指標
1. 簡潔	說話不凌亂、句子簡短、口齒清晰、有抑揚頓挫、直陳要點。
2. 具理論性	內容合理且沒有漏洞、內容具實證性而且正確、不流於主觀或情緒化。
3. 淺顯易懂	主題或主旨明快、內容具體、平易近人、比喻恰當、談話或表達的流程適當。

4. 思路敏捷	思路敏捷並有引人注目之處、觀點有過人之處、可以靠觀察力或直覺表現。
5. 有趣	談話內容不自覺地被吸引、內容有魅力、主題有趣、逸聞或點子輕鬆活潑。
6. 具有獨創性	具有獨特或個性化的看法、有嶄新的觀點或想法。
7. 有魄力	具有反擊力、意見內容的影響力強、有迫人的氣勢、充滿熱力。
8. 口才佳	話術與表現技巧絕佳、具幽默感、流暢不停滯、發音清晰易懂、用詞流暢。
9. 擅於判斷	當場可以視狀況提出意見、心思縝密、腦筋靈活、擅於處理狀況的變化。
10. 具有說服力	會有令人不自覺認同並且加以接受的結論、有讓人肯定的點子、可以與人溝通。

4-3

戰勝自己的壞情緒，你需要學會自控技巧！

英國維多利亞女王（Alexandrina Victoria）被譽為英國近代史上最偉大的君主，她和丈夫阿爾伯特親王（Albert, Prince Consort）鶼鰈情深，夫妻琴瑟合鳴的故事歷來更為人們所津津樂道，不過這對佳偶在生活中也曾有過「敲門而不應」的小爭執。

某天晚上，皇宮舉行盛大宴會，女王因為忙於接見王公貴族而冷落了丈夫，等到宴會快結束之際，阿爾伯特獨自離開宴會廳，悄悄地返回臥室生悶氣。過沒多久，敲門聲響起，阿爾伯特冷淡地問道：「誰？」只聽見敲門的人回答說：「我是女王。」結果女王站在門外等了一會兒，也不見丈夫把門打開，不免有些不高興地再度敲門。阿爾伯特又問：「誰？」女王想了想改口說：「維多利亞。」沒想到房門依然緊閉，這下女王真的生氣了，氣憤地馬上掉頭離開！可是走了幾步後，她回想起晚上宴會的過程，恍然大悟自己可能疏忽了丈夫的感受，於是折返第三度敲門，而當阿爾伯特又問是誰時，女王溫和地說：「我是你的妻子。」這回房門打開了，夫妻兩人就此也化解了一場情緒戰爭。

這則軼聞故事說明了與人爭執或發生摩擦時，朝人發脾氣、怒目相向未必能解決事情，只有用智慧來管理壞情緒才是良方。著名心理學教授丹尼爾・戈爾曼（Daniel Goleman）因倡議情緒智商（Emotional Intelligence）被譽為情商之父，他認為人們的情緒會相互傳染，那些能夠了解並管理情緒的人，不僅能圓滑處理複雜的人際關係，也能獲得較好的

生活與成就。儘管這個觀點普遍獲得認同，但是在日常生活中，多數人卻未必能做好情緒管理，尤其碰到口角衝突、被人冒犯、遭受無禮對待時，難免會有情緒失去控制的狀況，而一般說來，憤怒是情緒失控最常見的表現，它容易使人陷入意氣之爭，並且經常傷了和氣、壞了關係，又解決不了問題，對於人際社交可說是深具破壞性。

有些人認為「會吵的孩子有糖吃」，遇事習慣用發怒宣洩自身的不滿、表達自身的要求，甚至把發怒當作達到目的的手段，但實際上在兒童時期，我們或許能利用哭鬧、怒摔東西的方式吸引大人關注，藉以獲得自己想要的東西，然而長大成人後，利用憤怒來驅使別人滿足自身要求顯然不夠明智，而且對日常生活、人際關係、人生成就、自身健康的壞處要多過益處。舉例來說，老闆沒有履行替你加薪升職的承諾，你若是選擇拍桌怒斥老闆不守信用，要求他履行承諾，無論結果如何，彼此的互動關係都容易陷入緊張，不利於你日後的職場發展，但倘若你選擇與老闆溝通，詢問原因，思考如何讓老闆履行承諾，或是要求給予你的其他補償，如此一來，既不會損傷互動關係，又能讓事情獲得實質性的解決。因此，當我們憤怒時，不妨先問自己：「憤怒能解決問題嗎？」盡量試著找出建設性的解決方法，而不是意氣用事。

控制不了自己，就會任人擺佈

自古以來，成就大業的人都是自控的高手。俗話說：「將軍額頭能跑馬，宰相肚裡能撐船。」意思是說，像將軍、宰相這樣的頂級成功人士，都擁有開闊的胸襟，能夠控制自己的情緒，不會輕易被他人激怒，也不會被別人牽著鼻子走。

相反，如果一個人每天都為雞毛蒜皮的小事困擾，條件反射般地對別

人的刺激做出劇烈的反應，怎麼還能有精力、有心思去做其他事情呢？

蘇格拉底說：「誰不能主宰自己，誰就永遠是一個奴隸。想左右天下的人，須先左右自己。」

人的成功是全方位的，它包括情緒的愉悅與快樂、身體的健康、家庭的幸福、經濟的獨立以及良好的人際關係等。不論什麼人，也不論他擁有多少金錢、多高的社會地位、多大的知名度，如果他本人不具備很好的自控力，不能隨時隨地控制自己的感受，那麼他就不能從所謂的成功中得到快樂，也不能算是真正的成功。

20 世紀 60 年代早期的美國，一位才華橫溢的大學校長競選美國中西部某州的議會議員。這個人的資歷很高，又精明能幹，博學多聞，因此非常有希望贏得選舉的成功。

但是，一個很小的謊言在他參選後不久便散佈開來：三年前，在該州首府舉行的一次教育大會上，他與一位年輕女教師「有那麼一點兒曖昧的行為」。這其實是對手的刻意抹黑，他完全可以不予理睬。可是，這位候選人卻控制不住自己的情緒，他對此感到非常憤怒，竭力為自己辯解。

由於按捺不住對這一惡毒謠言的憤怒，此後的每次集會中，他都要站出來極力澄清事實，證明自己的清白。事實上，大多數選民根本沒有聽說或過多地注意這件事，但由於他不斷地辯解，越來越多的人反而相信有這麼一回事了。有人甚至借機反問：「如果你真是無辜的，為什麼要這樣為自己百般辯解呢？」

結果，這位候選人的情緒更焦躁了，他聲嘶力竭地在各個場合為自己辯解，以此譴責謠言的傳播者，卻反而令人們對謠言更加信以為真。最可悲的是，就連他的太太都開始懷疑這個謠言了，夫妻之間的感情因此也消

失殆盡。

最終，這個人在選舉中失敗了，從此一蹶不振。這位候選人不是一位真正的成功者，因為他明顯缺乏控制自己的能力，鑽入了牛角尖，過分地關注他本不該關注的事，被別人牽著鼻子走了。他的一切反應，正是謠言製造者想看到的，實際上，他完全被別人擺佈了。

一個真正的成功者，應該能進退自如地控制自己的情緒，泰然自若地面對各種刁難。最基本的是不能輕易被他人擺佈、被他人控制。

心理學家認為，情緒是人對事物的一種最淺顯、最直觀、最不用腦的情感反應。它通常從維護情感主體的自尊和利益出發，不對事物做出複雜、深遠和充滿智慧的考慮。這種習慣，常常會使自己處於不利的地位，或者被他人利用。情感與智謀的距離本來就已經很遠了（人通常以情害事，為情役使，情令智昏），而情緒更是情感最表面、最浮躁的部分。如果一個人完全依靠情緒行事，又怎麼能保持理智呢？如果缺乏理智，做任何事都不會有很大的勝算。

其實，我們身邊的很多人在工作、學習和待人接物的過程中，都會任由情緒的擺佈。情緒一上來，什麼蠢事都可能做得出來。

比如，有些人可能會因為一句無關緊要的話而與他人打鬥起來，甚至拚命。世界著名詩人萊蒙托夫、普希金等，都是在與人決鬥時死亡的，這就是情緒反應激烈，缺乏自我控制能力所造成的。還有人因為別人的一點兒小恩小惠，就心腸軟，結果就因此犯下許多原則性的錯誤。

因無法控制自己的情緒而犯下過錯的例子，我們可以列舉出許多。犯下這種愚蠢的錯誤，大則失家失國失天下，小則誤己誤事誤他人。這都是由於缺乏自控力，控制不了自己的情緒，結果令壞情緒蒙蔽了心智，犯下

了大錯。

那麼，我們該怎樣有效地控制自己、鍛鍊自己的自控力呢？

身處講求分工合作、重視人際關係的現代社會，發怒並非是博得他人合作的有效手段，尤其不要養成肆意發脾氣以取得別人配合的習慣，這樣只能贏得一時風光，但終究會造成嚴重的人際挫敗，畢竟情緒容易失控、動輒發怒的人，經常會給別人心理壓力，使人避而遠之。當然了，這並不是說我們遇到過份的事情也不能生氣，而是如何處理自己的怒氣，意即當你要發脾氣、滿懷憤怒時，必須避免自己立即爆衝，並且試著理性面對憤怒情緒，採取積極化解的方式，例如分析自己生氣的原因，與他人討論如何解決那些令人難以接受的事，總之不要以偏激武斷的方式處理你的憤怒，如此一來，就不會落入因為氣憤衝動而誤事的窘境。

善用情緒管理法則，提升情緒自控力！

人類是情感的動物，我們不可能完全阻止憤怒、不良情緒的發生，卻可以利用意志力控制自己的言行舉止，藉以達到管理情緒走向的目標，這意味著學習以有效的方法控制憤怒、處理不良情緒，避免情緒失控，不僅能幫助你與他人建立和諧的互動關係，也能使你擁有積極自在的生活。在此我們提供以下六種控制情緒的方式，往往透過自我覺察與訓練，你對情緒的覺察能力與控制能力將有所提高，進而大幅減低情緒失控發生的機率。

方法一、情緒起伏時，利用默數恢復冷靜

當情緒出現失控時，你可以憑藉決心和毅力予以克服，內心從一默數到十可以讓自己有恢復冷靜的時間，如果數一次不夠，那就數到感覺自己

的心情能稍稍維持平靜為止，往往當你能表現出冷靜的行為，劇烈的情緒波動也會隨之逐漸減緩，與此同時，也能理性思考事情的解決之道，免除衝動誤事的狀況。值得一提的是，在某些狀況下，如果你怒火高漲，遲遲難以平息，與其自我折磨，不如暫時離開現場，以免憤怒情緒成為你與別人溝通時的絆腳石。

方法二、平日自我減壓，放鬆身心

心理學認為，焦慮、憂鬱、沮喪、暴躁易怒都會對身心造成不良影響，如果長期沉溺於這些負面情緒之中，更容易導致身心健康、日常生活、人際關係的嚴重崩壞，這意味著負面情緒若不能有效排解與管理，生活中的小事也能像是點燃汽油桶的火柴棒，瞬間引發情緒大爆炸，摧毀我們的生活！

🎯 Do it! 你可以這樣做！

為了舒緩不良情緒、減輕自身壓力，同時提高情緒控制能力，平日裡你可以利用以下三種方式放鬆身心。

❶ 培養休閒嗜好：

壓力大、心情不佳、身心俱疲時，從事休閒活動如閱讀書籍、看電影、運動、聽音樂、外出旅遊等等，可以幫助你擺脫疲勞、掃除不良情緒、提振精神，因此每週不妨替自己安排減壓時段，以便釋放積存壓力，梳理情緒，獲取愉悅心境。

❷ 以安全的方式疏通壞情緒：

過度壓抑痛苦、憤怒、苦悶的負面情緒，只會導致身心靈不堪負荷，因此在不傷害自己、不危及他人的前提下，適度宣洩不良情緒有益於健康

生活。你可以利用運動、向信任親近的朋友吐露心聲、書寫發洩情緒、在僻靜處吶喊哭泣等方式，讓自己的負面情緒與壓力向外疏通。

❸ 每日進行放鬆運動：

每天睡前或是在感到壓力沈重、情緒不佳的時候，你可以併攏雙腳，調整呼吸，慢慢地讓呼吸均勻而平緩，過程中試著放鬆自己的身心，體會腳踏實地、腦袋放空的感受，這能幫助你緩解身體與情緒的緊繃。

方法三、培養積極心態，不要沉溺於負面情緒

無論你面對的事物有多麼糟糕，都應鼓勵自己抱持積極樂觀的態度，並且盡可能從中找出有助於扭轉局面的有利點，而不要只關注負面消極的部分，沈溺於負面情緒之中，正如有句話說「危機有時是轉機」，唯有培養自己沉著、冷靜、積極的處事態度，才能在面對困境時不受惡劣情緒影響，冷靜地解決問題。

方法四、記錄自己的情緒周期，妥善規劃生活

人們的情緒十分奧妙，有時好壞狀態、起伏強度會隨著各類因素如生活模式、生理狀況等具有規律性，因此練習紀錄自己的情緒，一來可以幫助你摸索出「情緒周期」，從而妥善安排生活事務，二來能輔助你有效管理自身情緒。舉例來說，有些人在早上時段經常是精神飽滿、情緒平和，若能利用這個時段處理重要事情，不僅做事效率提高，也不容易感到疲累；又好比有些人臨近每月月底工作繁忙的時間，總是特別容易暴躁、欠缺耐心，若能在行事曆上做好標記，提醒自己那幾天要比平常更注意情緒管理，就能降低情緒失控發生的機率。

方法五、利用心情記事本，管理自我情緒

為自己準備一本記事本，把那些令你感到高興的事情都詳實記錄下

來，當碰到心情低潮、內心苦悶的時刻，不妨回頭翻閱這些記錄，幫助自己從中重拾愉悅心境，提振精神，克服不良的情緒。此外，在你遇到令人厭煩的、惱怒的、憂愁的事情時，也可以把自己的心情毫不保留地記錄下來，一來這能幫助你宣洩不良情緒，減輕壓力，二來也能在事後自我檢視情緒管理能力是否有所提升。

方法六、試著正確理解外界的評價，避免過度反應

無論是工作職場或日常生活中，我們都會碰到被人批評的時候，往往情緒智商高的人會正面理解外界評價，不因為別人的三言兩語就心情混亂。正如某位高階經理人在回憶遭受批評的經歷時說：「我早年對別人的批評很敏感，因此吃了不少苦頭。當時我急於讓人肯定我的領導能力，因此只要有人批評或反對，我就會想辦法取悅討好他們，但這樣做的結果又常讓另一批人有意見，最後我發現你越想討好別人，越會增加敵人，而且事情的阻礙更多。後來，我慢慢修正做法，決定凡事盡最大的努力去完成就好，別人的批評指教要聰明地過濾！對自己有幫助的虛心受教，情緒化的批評聽聽就好，不必反應過度，以免影響自己的決策判斷力。」

當你感覺他人的批評讓自己不愉快或憤怒時，與其大發雷霆、自我否定或是反應過度，不如想想這些評價有沒有對自己有益的部分？你能不能從中找到改進工作、完善個性、克制情緒、提高心理承受力、激發鬥志的機會點？如果某些批評是沒有建設性的、沒有意義的，就不必整天掛懷，徒然浪費自己的時間與心力。

 擁抱好情緒，打造快樂人生

很多時候，人們總愛抱怨生活的磨難太多，感覺每天都過得極為苦

悶，事實上，處理事情的心態才是左右生活境遇的關鍵點，正如著名心理學家班夏哈（Tal Ben-Shahar）曾說：「在看待自己的生命時，可以把負面情緒當作支出，把正面情緒當作收入，當正面情緒多於負面情緒時，我們的幸福感就能增長盈利。」換言之，幸福感是人生的最終目標，個人情緒與幸福感之間則是息息相關，在面對人生各種處境時，如果能擁有較多的正面情緒，生活的愉悅指數、幸福感就會相對性地提高，因此，平日我們除了要學會克服不良情緒外，也應該讓自己擁有正面情緒，進而美滿自我人生！

🎯 Do it！你可以這樣做！

依據心理學家們的建議，培養正面能量、擁有好情緒，我們可以從以下七點做起：

❶ 培養幽默感：

根據研究調查發現，處理事情時，經常哭喊吵鬧、情緒失控的人，多半人際關係與健康狀況容易出問題，也較常為事情糾結、鑽牛角尖，而平日如果能多多培養自身的幽默感，那麼面對事情時，不僅能抒解自身壓力，緩和焦慮感，還能輕鬆化解問題，甚至還提升自己的人緣。

❷ 增加愉快的生活體驗：

替自己增加愉快開懷的生活體驗，可以減弱消極的情緒狀態，同時減輕身心壓力，如此一來，即使偶爾遇到令人不快的事情，也不會產生過於強烈的負面情緒反應。

❸ 讓情緒擁有適當宣洩的機會：

情緒是生活的組成部分，對於起伏的情緒不必也不可能一概予以抑制，而應選擇適當的方式如運動、旅遊、傾訴等等，讓情緒有適當的發洩

機會，如此不僅能舒緩壓力，還能維護身心健康狀態，增強免疫系統功能。

❹ 學會換個角度看待事情：

很多從表面上看來令你生氣或悲傷的事件，如果換一個角度去思考，或許將能發現它潛藏的積極意義，正如有段格言所說：「如果生命拋來一顆檸檬，你可以把它榨成檸檬汁。」

❺ 要有自己的事業和追求：

有了自己的事業和追求，並積極地為之奮鬥，人們就會體驗到一種發自內心的滿足，進而產生積極的正面情緒。

❻ 擁有適當的社交生活：

人類是群居性的動物，適當又健康的社交生活，可以幫助我們與人交流情感，免除孤單或被人孤立的感受，而在獲得愉快情緒的同時，也更增進身心健康。

❼ 遇到問題要當機立斷：

遇到問題要是經常猶豫不決，容易引起不良情緒，損害身心健康，因此要學會當機立斷地處理事情，有時不要過於追求完美，寧可偶爾出些小差錯，也不要受困於同一個問題而停滯不前。

意志力訓練法則

情緒當頭，善用意志力控管自身言行！

　　日常生活中，每個人都會有情緒不佳的時候，如果任意發洩，常會造成生活與人際關係的動盪，但若是千方百計地壓抑負面情緒，它們也只是從「顯意識層」轉移到「潛意識層」，對於人們的影響並不會因此消失，一旦遇到情緒臨界點，這些被壓制許久的負面情緒將如狂潮般向外噴湧，反而讓人們做出更多失去理智的瘋狂舉動。當我們感到傷痛悲苦、憤怒仇怨時，放任或壓制壞情緒都只會造成不良影響，唯有學習以意志力控制自己的言行舉止，逐步提高情緒管理能力，才能幫助自己有效控管情緒、疏導不良情緒，減輕身心壓力，進而擁有健康的生活與和諧的人際關係。請牢記：你雖然不能阻止壞情緒的發生，但卻能運用意志力與智慧管理情緒走向！

你能控制自己的情緒嗎？

以下是一個情緒測試，透過這個測試，你可以瞭解自己的情緒是否健康，是否在你的掌控之中。

1. 你是否經常需要很長時間才能入睡，或者醒來的時間比你希望的早得多？

    A. 經常這樣，這讓我很苦惱。

    B. 從來沒有這種情況。

    C. 偶爾會這樣，我不認為這是個問題。

2. 你對與自己關係最親密的人是否感到滿意？

    A. 不滿意，我總認為他們有很多我無法容忍的缺點。

    B. 非常滿意，我很喜歡與他們在一起。

    C. 基本感到滿意，我與他們相處得還算融洽。

3. 你晚上上床休息後，是否經常會再起來一次，看看門窗是否關好，水龍頭是否關緊等？

    A. 經常這樣，否則我就覺得不放心。

    B. 從不這樣，這些問題從來不會困擾我。

C. 偶爾會有這樣的情況發生。

4. 你是否經常因為做惡夢而驚醒？

　　A. 經常有，我為此感到很苦惱。

　　B. 從來沒有，我的睡眠品質很好。

　　C. 極少會有這樣的情況。

5. 你是否經常覺得你的家庭成員對你不夠好，但其實你又很清楚，他們
　其實對你很好？

　　A. 是的，我經常這樣想，雖然我知道這樣想可能毫無道理。

　　B. 不會，我覺得他們一直都對我很好。

　　C. 偶爾會這樣想，但這種念頭很快就會消失。

6. 每到秋天，你通常是何種心情？

　　A. 秋雨霏霏，枯葉遍地，人的心情也會隨之憂鬱了一些。

　　B. 秋高氣爽，心情愉悅。

　　C. 說不清楚，沒有太明顯的感覺。

7. 當一件事需要你做出決定時，你是否會覺得很難？

A. 是，我常常會拿不定主意。

B. 不會，我很快就會做出決定。

C. 說不清楚，要看具體情況。

8. 早晨起床時，你通常是何種心情？

　　A. 鬱悶，開心不起來。

　　B. 快樂，新的一天，新的開始。

　　C. 說不清楚，也要看具體的情況。

9. 你平時是否覺得自己很強健？

　　A. 是的，我覺得自己身體健康，精力充沛。

　　B. 不是，我常常覺得自己像是生病了一樣。

　　C. 沒想過這個問題，沒有太明顯的感覺。

10. 當你一個人走夜路時，是否會覺得前面暗藏著危險？

　　A. 是，我經常會感到非常不安。

　　B. 不會，我覺得很安全、很自然。

　　C. 偶爾會有這樣的情況。

計分方法：A 記 2 分；B 記 0 分；C 記 1 分。將各題得分相加，得出總分。

測試結果：

0～5分：

你情緒良好、自信心強，具有較強的美感、道德感和理智感。你具有一定的社會活動能力，能夠理解周圍人的心情，能夠顧全大局，是個性格豪爽、受人歡迎的人。

6～10分：

你的情緒基本穩定，但較深沉，對事情的考慮過於冷靜，處事也淡漠消極，不善於發揮自己的個性。你的自信心受到壓抑，情緒也時高時低，不易控制，做事容易瞻前顧後、躊躇不前。

11～15分：

你的情緒非常不穩定，日常煩惱過多，心情經常處於緊張和矛盾之中，自控能力也很差。

16分以上：

這是一個危險的信號，情緒經常使你失控，如果可以的話，找心理醫生諮商一下你的情況，以便儘早改善情緒波動大的困擾。

4-4
人際影響力是如何養成的？

在日常生活中，我們不難發現有些人雖然不是位高權重、有錢有勢，卻時常能獲得許多人的友誼與支持，而且他們對於人事物的看法不僅受人重視，還會直接或間接地影響他人的態度與決定，例如當他們向人推薦自己認為好用的某種商品時，別人就會興起試用看看的念頭，甚至把對他們的信任感轉嫁到商品上，而通常這類人物被稱為是意見領袖（Opinion Leader）或是影響力人物。

假使要描述具有人際影響力的人物，多數人首先會聯想到的相關詞彙可能包括：交遊廣闊、喜歡分享、重視承諾、有責任感、值得信賴、有合作精神、待人熱情友善等等，但無論人們如何形容這些影響力人物，基本上他們都有一些共通點，好比他們擅長營造和諧融洽的談話氣氛、擁有良好的人際關係、經常在群體中成為舉足輕重的要角、個人意見與言行具有指標性的作用，而普遍來說，影響力人物之所以在群體中佔有一席之地，未必與他們的社會地位、年薪收入有絕對關係，往往與人交流過程中所展現的「人格魅力」才是他們受到歡迎的主因！

所謂的人格魅力，意即一個人在性格、氣質、能力、品格、待人處事等方面所展現出的正向力量，當一個人的人格魅力越高，越有機會在群體中發揮影響力，也越有可能從中獲得助力與發展機會。從感性層面來說，富有人格魅力的人容易吸引他人的關注與親近，也較易與人拉近心理距離，建立互信關係，贏得友誼，因此時常能擁有幸福感與滿足感，而從理

性層面來說，富有人格魅力的人因為能建立積極有效的人際交往模式，所以多半人脈廣闊，發展機遇也比較多。這便意味著提升人格魅力，加強人際影響力，不僅能為生活、社交、工作發展帶來益處，也能豐富我們的情感與心靈，健全身心健康。那麼，我們該如何提升人格魅力，成為具有人際影響力的人物呢？

首先，我們應了解人格魅力的提升並不是一朝一夕的事，個人影響力的真正發揮也與自我控制能力、樂觀心態等諸多因素相關，因此平日我們必須運用意志力敦促自我做出改變，並且培養出某些待人處事的好習慣，直到能自然吸引他人的關注與親近。在此，我們提供以下有益於提升人格魅力、增強人際影響力的自我訓練方式，只要透過日積月累的練習與言行小改變，養成領袖人物的行事風範就不再是遙不可及的夢想！

 ## 想要增加魅力與影響力？先從以下四大基礎做起！

一、為自己樹立待人處事的正面信念

對於教師們來說，「有教無類」是教育信念，而醫生們的醫療信念則是「救死扶傷，無有分別」，這些信念促使他們能以客觀、真誠的立場面對學生與病患，不因對方的家世背景而區別對待，繼而獲得他人的敬重；相同的道理，人際往來時，若能替自己樹立待人處事的正面信念，不僅可以激勵我們用積極態度與人往來，還能逐步建立起良性循環的人際交往模式。舉例來說，當你決定把「謙和有禮」作為待人處事的信念時，儘管它只有四個字，但若能有意識地落實於日常生活中，你的言行舉止就會採取相互呼應的行為模式，個人氣質與人際關係也會隨之產生好的變化。當然了，樹立信念並不困難，困難的是以行動落實，因此剛開始時，提醒自己每天至少做一件符合信念的事，一旦養成習慣後，你的行事風格自然會具

體實踐你所擁護的信念。

二、增強自信心的同時，別人也會更加信任你

　　全球知名企業經理人傑克‧威爾許（Jack Welch）雷厲風行的行事作風廣為人知，但是在青少年時期，他曾因為口吃問題而相當自卑，加上屢屢遭到同學恥笑，一度萌生休學念頭，所幸在母親的鼓勵與自我努力下，他不僅慢慢改善了口語溝通問題，也重拾起對自己的信心，日後更攻讀到博士，進入奇異電器任職，獲得「二十世紀最佳經理人」的封號，如果當時他因口吃問題而休學，或許他的人生就不會如此精彩了。

　　傑克‧威爾許的人生經歷揭露了一個道理，在日常生活中，我們難免會遭遇到令人失去自信心的事情，而面對問題、處理問題的心態將左右著人生發展，當面臨挫折與失敗時，各種負面情緒的產生在所難免，唯有學會正確地應對負面情緒，不因一時挫敗否定自我價值、摧毀自信，才有可能正視現狀，解決問題，改變自己的人生境遇。

　　心理學家認為，人們對自我的認知經常左右著心理狀態；當一個人對自我認知是正確而積極的時候，他會更加自信，別人對他也會更加信任，與此相反的，一個對自我認知消極、時常自我否定的人，對於很多事情都容易欠缺自信，人際關係的發展也較為封閉。這意味著自我肯定、充滿自信能夠使人接近快樂與成功，並且為自己的人生與人際關係增加助力，換言之，自信心是正面影響自我與他人的關鍵因素，而平日我們則能透過以下的方式鞏固並提升自信：

🎯 Do it！你可以這樣做！

❶ 勇於展現長處，正視並改善缺點

　　很多人常誤以為聽到別人說「你是最棒的」、「你很優秀」、「你

表現不錯」就能夠擁有自信，並且獲得他人欣賞，但其實他人即便給予我們好評價，平日若沒有把握展現自我長處的機會，這些來自他人的讚美將沒有任何實際效用。這也就是說，好評價有時雖能暫時贏得他人的信任，可是一旦無法以實際行動持續證明，很容易造成外界評價與現實成果出現「名不符實」的狀況，時日一久，除了個人信心受到打擊外，也難以真正獲得他人的支持與信服。

事實上，別人對我們的好壞評價最終是取決於實際表現，因此面對自己的優點與缺點時，不要害怕表現自己，也不要過於貶低自己，要學會欣賞自己的長處，並且把握機會大方展現，與此同時，正視自己的缺點和不足，加以改進或藏拙，才是贏得他人認可的明智選擇。很多時候，在「揚長補短」的行動過程中，我們能不斷獲得發現自我、完善自我的機會，從中傳遞出的積極態度也能獲取他人的支持與信任。

❷ 經常用「積極心態提示語」自我提示

在人際往來過程中，個人的精神狀態很重要，人們總是喜歡和散發正能量、開朗樂觀、充滿自信活力的人多一些互動，而保持良好精神狀態的祕訣之一，就是多多運用「積極心態提示語」自我激勵！積極心態提示語是指那些能夠激勵我們正面思考、採取積極行動的言語，比如「我相信我能完成這次簡報」、「我可以運用這些方式解決問題」等等，你可以準備一本小冊子，隨時寫下正面又明確的提示語，也可以在醒目的地方黏貼寫有提示語的紙條，通常隨著這類正向語句的使用頻率增多，不僅意志力、思考方式與行為模式會逐漸產生正向改變，在面對挫折與挑戰時也能抑制自我否定的消極心態。請牢記運用意志力控制自己的心態走向，越能保有良好而自信的精神狀態，越能贏得他人的好感與信賴！

三、秉持互惠互利原則，人際影響力才能和諧而持久

古語有云：「己所不欲，勿施於人。」意指別對他人做出自己也不喜歡的事，而在人際往來過程中，想要獲得他人的好感、友誼與幫助，我們就必須同樣地對待他人，才有可能獲得相應回報，尤其現代社會講求互助合作，越是具有互惠互利、合作精神的人越能受到歡迎，而當合作對象逐日增多，集中他人力量的能力、人際影響力自然都隨之強化，換言之，如果想對他人維持長久的影響力，互惠互利和雙贏合作將是最佳共事原則。

當然了，談及與人合作，勢必要探討「競爭」。理想狀態下，人人團結合作的好處，就是每個人都能共享繁榮成果，不過競爭是每個人與生俱來的天性，當實際生活中發生了利益衝突，人們多半會選擇競爭，就算彼此有共同利益，選擇競爭的機率也大過於攜手合作，而社會心理學家將這種現象稱為「競爭優勢效應」。更進一步來說，利益衝突導致人們優先選擇競爭，這顯然是很容易理解的事情，但在有共同利益的情況下，因為資源和利益分配的不平均、長期利益與即時利益的矛盾，仍會促使人們採取競爭行為，於是各類惡性競爭就此上演，不幸的是，人們卻未必能因此得到預想中的益處，回過頭來甚至還受到危害。

從人際關係角度來說，以合作代替競爭，促成雙方的需求都獲得滿足，不僅能消除惡性競爭產生的危害，也有益於攜手創造更多的機會。舉例來說，在某些情況下，與同事一起合作，集思廣益，更快、更好地完成一項工作，雙方既能共享成果，又能增添個人職場籌碼，然而若以搶佔最大成果的心態共事，很可能產生各行其事、相互鬥爭的狀況，結果導致工作效率與工作品質不佳，雙方關係還因此交惡，完全無益於職場發展。具體而言，雙贏合作必須有雙方共識，絕非單方面的一廂情願，所以想要達成與人合作愉快的目標時，過程中應留意以下三點：

🎯 Do it！你可以這樣做！

➊ 別猜心！做好雙向溝通

雙方溝通越有成效，互惠合作的可能性也越大；透過良好的溝通，清楚而明確地向對方傳達合作意向，了解彼此的需求與關切之事，往往可以有效消減雙方的競爭心理，同時有益於雙方建立夥伴關係。

➋ 慎選合作對象

隨著現代社會各種合作關係的頻繁展開，很多人常笑稱：「不怕神一樣的敵人，就怕豬一般的隊友！」此話雖然戲謔，卻也突顯出慎選合作對象的重要性。在有權選擇合作對象的情況下，無論是選擇理念相同還是行事風格相近的人合作，對方的性格才是真正影響他採取合作或是競爭的重要因素。一般而言，成就動機高、個性好強的人更容易選擇競爭，交往動機強、個性謙和的人則傾向於合作，因此挑選合作對象時，最好能多方考量與觀察，並且依據對方的性格擬定互動策略，進而提高互惠合作、建立信任關係的成功機率。

➌ 建立「利益最滿意化」的雙贏共識

互惠互利的合作能避免不當競爭的負面影響，而創造雙贏局面的關鍵點在於：雙方的需求與利益都能獲得滿足！這便意味著與人合作時，我們與對方必須建立互惠、雙贏的共識，讓彼此共同追求利益的最滿意化，而不是利益的最大化，一旦建立起這樣的共識，就能促使雙方理性評估進退，降低競爭心理的發生。

四、培養同理心！

在日常生活中，每個人其實都在運用自身影響力，差別只在於影響力度的強弱，而真正能發揮影響力的人物為何總是可以引導他人採取行動，

甚至左右他人的決策呢？最主要的原因在於他們傾向以客觀立場評價他人的性格與行事風格，並且善用同理心換位思考，因此與人互動時既能使對方感受到尊重與真誠，又能採用觸動對方心房的溝通策略，進而在提升互動關係的同時，增加了彼此之間的信任指數。

更進一步來說，影響力人物的「善解人意」是其人格魅力之一，他們因為能設身處地去了解他人的所思所想，洞察他人的需求與期望，所以可以「投其所好」地引導或影響他人的行動，並在過程中贏得友誼，換言之，你必須先了解對方，才能滿足對方、引導對方，強化彼此的互動關係。然而，多數人判斷外界人事物的時候，很容易只從自己的感受與經歷做出評價，往往這會造成對許多人事物的看法有失偏頗，而從人際關係角度來說，當我們無法從別人的立場看待問題，就會讓雙方之間的溝通築下一道無形之牆，一旦溝通有所阻礙，不僅相互了解有所困難，想要消弭歧見或建立關係也異常艱鉅。

🎯 Do it! 你可以這樣做！

儘管每個人都有自身的看法與喜好，但與人相處時，與其武斷做出評價，不如試著了解他人，而平日我們可以運用以下方式自我練習，讓自己逐漸掌握與人互動時的尺度，如此才能避免因為主觀意識過剩，失去與他人展開良好互動的機會。

❶ 學習了解他人，培養同理心

如果有一天，某位重要的小組成員告訴你因為工時調整的關係，他想要退出團隊，你會選擇怎麼處理？此時武斷評價對方的工作態度，自以為是地提出你認為的解決方式，將無助於真正問題的改善，因為在沒有經過深入溝通的情況下，你很難確定對方究竟對工時調整後的困擾之處是什

麼，很可能令他為難的並非是薪資問題、工作壓力或健康因素，而是工作時段的調整影響到他的家庭生活，正因為不同的問題有不同的解決方式，唯有與對方溝通，了解對方產生退出想法的前因後果、面臨的難處，才有可能針對癥結點尋思解決之道。

　　相同的道理，在人際往來過程中，理解對方往往才是解決問題、建立關係、維繫關係的良好開端，而想要學習了解他人，培養同理心與洞察力，你可以先選擇一個熟悉的人，試著去觀察並了解他的脾氣性格、思考方式、行事風格等等，過程中應提醒自己放下比較心理，盡可能去了解對方，避免急於做出評價，通常隨著了解程度的加深，你會逐漸發現對方或許有些行為你並不贊同，但你卻能理解他為何這麼做的原因，而多了一份理解，就能多一份包容與接納，衝突與摩擦自然減少。之後，慢慢增加你的對象名單，讓自己培養出不武斷評價他人、了解他人、尊重他人的好習慣。

❷ 不過度放大自我，用真誠態度和平等眼光看待人事物

　　以真誠的態度、平等的眼光尊重每一個與你接觸的人，在沒有充分理解他人的想法之前，不要過度放大自己的所思所想，更不要盲目地駁斥或評價他人的想法，許多時候，冷靜並理智地分析他人的不同觀點，不僅能避免心急口快而誤事，也能幫助我們從中找出對自己有益的觀點，拓展自我視野。此外，如果你經常在第一時間駁斥他人的不同看法，平日就應提醒自己發言前多想一想，養成理智判斷、謹言慎行的習慣，避免因為衝動駁斥他人而引起誤會，甚至傷害了對方。

有些事情很簡單，卻是能提升影響力的金科玉律

如果你希望獲得良好和諧的人際關係，以下的建議雖然看似簡單，但只要在日常生活予以落實，你將會有巨大的收穫。

🎯 Do it! 你可以這樣做！

1. 無論你面對誰，都不要貿然議論對方的親戚或朋友，也不要隨意諷刺、挪揄、譏笑他人，更不要在背後議論他人，因為別人很可能輾轉獲知你對他們的評價，而你無法確定那些評價是否被過度渲染，如果因此冒犯到對方，對人對己都沒什麼好處。

2. 自律自控是成熟得體的表現，別嘗試與惱怒的人辯駁，也不要在公共場合與他人爭論不休，提醒自己不要輕易發火，怒火容易使人失去理性與智慧，實在無法忍受時，試著轉移自己的注意力，甚至暫時離開現場。

3. 假如你與人發生了嚴重摩擦，並且在氣怒當頭還寫了一封電子郵件準備寄送給對方，那麼這時不要急著寄出，因為隔天打開信件草稿，你會發現信中內容充斥著諷刺、挖苦、奚落、羞辱等情緒性的字眼，這對修補關係或解決問題並無助益，於是你可能會試著修改信件中的某些字句，然後請再等一天，第三天你會發現自己的情緒較為平靜，也較能理性思考真正想向對方表達的重點，以及你希望這封信發揮何種作用，所以你可能試著把信件內容進行精簡，甚至重新撰寫一封既能陳述己見又不失禮儀的信件，此時再將這封信寄出，這樣的信件內容才能充分顯示你良好的教養和品德。請牢記：怒火當頭，不要貿然做出決定或採取行動，因為事後你會有很高的機率悔不當初。

4. 無論他人的相貌、財富或才能是否遠勝於你，不要因而嫉妒而說話刻薄，也不要心生自卑而否定自己，即便你擁有人人羨慕的社經地位，

也不要以此作為高高在上、隨意喝叱他人的資本，唯有得體而真誠的言行才能真正贏得他人的友誼。

5. 無論是在正式場合或私下聚會裡，都應避免和剛剛結識的人談論敏感話題，例如政治傾向、宗教信仰、情感狀態、工作收入等等，往往談論牽涉個人隱私的話題，並不會拉近你與對方的熟悉程度，反而容易冒犯對方。

6. 幽默風趣的談吐是人際關係的潤滑劑，但這不表示你可以隨意拿別人開玩笑，拙劣的玩笑話很可能惹怒別人，甚至引發他人的惡言中傷與報復。

7. 誠信有助於維繫人際關係，一旦答應他人就必須兌現你的承諾，所以不要抱著僥倖與隨意的態度輕易許諾他人，做不到的事更不要逞強答應，以免最後你得不到他人的感謝，還失去了個人的信用值。最重要的是，不要試圖欺騙經常與你往來的人。

8. 尊重他人的想法，不要把自己的價值觀強加在他人身上。

9. 尋求他人幫助時，不要希冀你從沒善待過的人會伸出援手，這意味著你平日最好能善待自己接觸過的人。

10. 永遠不要在對人事物缺乏瞭解時，妄下論斷，避免因為表面現象而讓自己失之偏頗。

11. 設身處地為他人著想，尤其在想勸說他人的時候，要顧慮到他人的權利和感受，千萬不要自以為是，好為人師。

12. 在不涉及原則問題的情況下，不要輕易與他人對立。

 經營人際關係時，你最容易出現什麼問題而不自覺？

處理人際關係時，每個人都有一套屬於自己的交際方式，即便力求面面俱到，也沒有人敢保證自己的交際方式完美無缺，這也意味著與人互動時，我們應當留心自己可能的缺失，並且加以改進，那麼在經營人際關係時，你最容易出現什麼問題又不自覺呢？

題目：請回想學生時期，你最難以容忍哪種作風的老師？

A. 對學生採取精神壓迫

B. 經常體罰學生

C. 對成績好的學生會明顯偏袒

D. 作風專制高壓，從不聽學生意見

測驗結果：

選 **A**：與人互動時，你很難隱藏自己心底的想法，一旦有不如意、不高興的事，很容易就會肆意宣洩壞情緒，所以平常最好多加強自己的情緒管理能力，避免過度情緒化帶給其他人沈重的心理壓力。

選 **B**：在人際互動的過程中，你容易受到外界影響而情緒暴躁，有

時這會導致你不僅說話具有攻擊性，就連行為表現上也顯得粗暴，因此平
常除了要加強自我控制能力之外，也應適時替自己減壓，避免被負面情緒
牽制而衝動誤事。

　　選 C：你對於要與誰建立互動關係有自己的選擇標準，但經常徹底
排除自己不喜歡的對象，所以你樂意與自己認可的人多多互動，卻不願意
與自己不喜歡的人多說上一句話，而使你的交際圈受到限縮，因此平日應
多多欣賞他人的優點、包容他人的缺點，才能讓自己的交際圈逐漸擴大。

　　選 D：你具有一定的領導統馭能力，可以引導他人行動，但問題
是你有時不夠謙和、過於自負，容易忽略他人的想法與感受，因此平日應
試著放下身段，聽取他人意見，而不是完全摒棄他人的意見，一意孤行。

第5章

實現成長目標，
靠**意志力**來成全

Concentration
and Willpower

5-1
思考力訓練不容小覷！

當我們上餐廳吃飯、逛街購物時，如果發現手邊現金不夠，拿出信用卡一刷就能順利付款，但你知道世上最早的信用卡是如何出現的嗎？

一九五〇年，美國信貸專家麥克納瑪拉（Frank X. McNamara）在紐約一家高級餐館享用完午餐後，赫然發現皮夾裡的現金不夠，支票簿又沒有帶出門，尷尬之際，他只好打電話通知妻子送錢到餐館，而這次的經驗也讓他開始思考：其他人遇到這種現金不足的狀況該怎麼辦？商家又要如何處理提供了服務卻收不到錢的問題？於是他想到了一個解決問題的好點子──簡易信貸結合卡片付款的消費制度！

隨後，麥克納瑪拉集資一萬美元，大力推行這種卡片消費制度，主要宣傳點是當你上餐館時，就算沒有帶現金和支票簿，只要有了這張被命名為大來卡（Diners Club）的卡片，你一樣能夠付款。卡片推出一年後，持卡人數有四萬多名，合作的飲食餐業者有將近三百五十家，隨著日益發展的規模，大來卡成為了流通國際的知名信用卡，而誰能想到這一切竟是源自於一頓尷尬的午餐？

綜觀許多改變生活、影響世界的發明，經常是源自日常生活瑣事的思維啟發，例如3M公司工程師富萊（Art Fry）也是在上教堂做禮拜的時候，因為苦惱於夾在歌本上當標記的小紙條老是容易掉落，轉而想起了實驗室裡因為黏性不強而未被採用的黏合材料，靈機一動之下，把它運用到紙張

上而發明了便利貼。這些例子說明了人們的思考力與創造力不容小覷，平日裡的突發奇想、靈光一現的念頭，都很有可能是解決某種生活困擾的好方法，而在競爭激烈的現代社會中，如果我們具備了優秀的思考力與創造力，不僅能有較多脫穎而出的機會，看待事情時也較能觸類旁通、創造新局，不過多數人常面臨一個問題：我怎麼確定自己具有思考力與創造力？我又該如何培養或提升這些能力？

事實上，創造力的來源始於「思考力」！舉例來說，你是個租不起大坪數房間的租屋族，面對堆滿房間的生活雜物，你雖然知道購買系統收納櫃、牆壁上架設木頭層板等方式，可以改善雜物堆滿房間的問題，但它們一來需要金錢，二來房東未必同意你在牆壁上敲釘子，那麼在條件受限的情況下，你勢必要思考怎麼做才能達到讓活動空間寬敞的目標？於是你可能學習收納技巧、DIY 某些輔助收納的物品、拍賣某些用不到的物品換取金錢與空間等等，只要開始思考，就能展開充滿創意的新生活。

仔細回想一下，每天我們都會吸收到很多的觀點與想法，也累積了為數不少的知識，但如何應用它們解決問題、讓生活更美好，取決於思考問題的方式，一旦思考方式能保有彈性和靈活度，發揮創意的空間自然增大。換言之，**對於思考能力的不肯定、不夠自信，通常只是因為缺乏「思考訓練」，加上欠缺足以支撐持久性思考的意志力**，所以如果希望有效應用知識，提升自己的思考力與創造力，首先要加強的便是思考訓練，這能幫助我們打破僵化的思維模式，同時讓思考力與意志力同步強化，進而逐日養成專注又多元的思考習慣！

善用四種思考訓練法,讓思考力升級!

方法一、每日一題小思考訓練法

訓練步驟 1: 每天選擇一道簡單的命題進行思考訓練,思考過程中要集中專注力,盡可能不受外界事物的干擾。例如選擇以「人的精神是不朽的」當思考命題,試著讓自己從不同角度思考它,好比什麼是精神?精神的內涵是什麼?精神有什麼樣的作用?為什麼精神會不朽?不朽的定義是什麼?不朽與人類發展又有什麼關係?如此逐步深入、廣泛地進行思考。

訓練步驟 2: 每天堅持這樣的練習,並且不妨做下記錄,十天後,自我檢視自己的分析力、專注力與意志力是否有所提升,然後繼續每天練習思考、每隔十天自我檢視的訓練過程,如果你能堅持六個月,屆時你將發現自己的思維敏捷程度有明顯進步,同時也養成了從多種角度看待事情的思考習慣。

方法二、理性感性兼顧訓練法

理性感性兼顧訓練法的目標,主要是幫助我們在理性分析事物的同時,也能由情感層面加以審視,一旦思考靈活度增加了,就能避免思維僵化,犯下情感用事或不知變通的弊病。

訓練步驟 1: 挑選某個空間如公園、車站、辦公室等進行觀察分析,假設你挑選某座公園作為練習地點,環顧四周的風景後,試著做出評價,並且思考這座公園有沒有特別之處?某些公用設施有何作用?整體環境有沒有需要改進的部分,如果有的話,應該怎麼改善?你理想中的公園規劃又是什麼樣子?

訓練步驟 2: 當你對某個空間進行觀察分析之後,試著思考這個空間帶給

你何種感受。例如你觀察分析了公園的規劃之後，你覺得這座公園能否讓人感到身心放鬆？置身公園之中，你的情緒如何？你對公園所在的周邊地區熟悉嗎？前來公園的人又會產生何種心情？如果按照你的想法規劃這座公園，他們會認同、欣賞你的品味嗎？

訓練步驟 3：掌握上述兩個訓練步驟要點後，試著靈活運用到日常生活的事件上，由於在不同的場合或情況下，人們考慮的問題會有所不同，因此遇事若能習慣先理性剖析、感性衡量再做出定論，就能降低判斷發生偏頗的機率，而往往隨著持續性的練習，你的觀察分析能力、感受力與判斷力將有所提升，與此同時，也能不受限於單一思路，全面性地看待問題。

方法三、自問自答主題思考訓練法

訓練步驟 1：挑選一道題目或一句話當練習主題，隨後對其提出相關疑問。例如以「生命的價值取決於堅強的意志和遠大的理想」做為練習主題後，對這句話進行發問，比如生命的價值為什麼取決於意志和理想？意志和理想如何影響生命的價值？在何種情況下，生命的價值取決於意志和理想？意志和理想以何種方式展現出生命的價值？練習過程中，盡可能列出你能夠思索到的相關疑問，但注意不要讓自己的思路偏離主題，與此同時，把那些疑問句逐一記錄下來。

訓練步驟 2：疑問句記錄完畢後，開始思考並記錄你的答案。作答結束後，把這些答案按照一定的邏輯進行組合排列，從中你將發現原先的思路已經在紙上成為一篇架構完整、邏輯嚴謹的短文；事後你可以再度審視這篇短文，看看是否有思考上的漏洞，

藉以磨練自己的思考能力。

訓練步驟 3： 在利用問句推演並整理思路的思考訓練中，大腦的分析能力
和思考能力可以逐步增強，而練習的時間不妨依據你個人的
生活狀況做出安排，但最好每週至少進行一次練習，並且堅
持練習六個月以上。

方法四、書寫論述訓練法

寫作是一種很好的思考方式，點點滴滴的思考都會在你的筆下呈現，
而透過書寫論述訓練法，你會發現原本覺得熟知的事物與觀念，突然間變
得模模糊糊、似是而非，但藉由思考、論述、歸納、總結的寫作過程，
不僅讓某些想法獲得自我釐清的機會，思考能力與思維敏捷度也能從中提
升。

書寫論述訓練法乍看之下相似於自問自答主題思考訓練法，不過前者
更傾向於思考的系統化，換言之，書寫論述訓練法的訓練目標，主要是在
提升思考力的同時，培養出分析事物的能力，以及解決問題的能力，這能
幫助我們在面對牽涉廣泛的複雜事物時，從全面性的角度構思解決方案。

訓練步驟 1： 任意挑選一個練習主題，然後對其進行思考提問，同時記錄
一下這些問題。比如以「萬有引力定律」為主題，相關提問
可能包括什麼是萬有引力定律？它的具體表現是什麼？它何
時發揮作用？它對人們的生活有何影響？提問的過程中，儘
量從不同角度切入思考，努力做到窮根究底。

訓練步驟 2： 記錄以下問題後，開始思考這些問題的答案，並把答案逐一
寫下，再按照邏輯關係進行排序。當你看著這些問題和答案
的時候，一定會湧現更多的想法，而在重新整理排序內容的

過程中，刪除不必要的形容詞和贅詞，盡量以簡潔扼要的詞彙表述重要內容，最後試著總結內容，做出結論。

訓練步驟 3： 練習用詢問的方式尋找自己思考中的漏洞，以便探知自己的觀點是否有失偏頗。例如你思考的前提是否清楚而正確？措辭是否恰當？前提和結論是否符合邏輯？你的立論依據來自哪裡？如果是以事實作為依據，那麼所謂的事實是否真的可信？你的想法是否有先入為主的傾向？思考問題時，你是否帶有主觀偏見，或缺乏相關的知識？諸如此類的問題可以幫助你修正想法，填補思考漏洞，最重要的是，確保你得出的結論符合邏輯，並且具有合理性與正確性。此外，你也可以運用同樣的方式分析他人想法，但記得要以充足理由證明自己的論斷，避免吹毛求疵。

訓練步驟 4： 每週至少進行一次練習，持續練習六個月以上，記得時常檢查自己的書面記錄，自我檢視思考力、論述能力、分析能力、解決問題能力等是否有所提升。

利用「慢速閱讀思考法」鍛鍊意志力與思考力

當我們嘗試思考某個問題時,只要無法集中注意力,思路就容易凌亂渙散,進而難以針對問題進行思考。如果你有難以專注思考的困擾,通常意味著你的意志力和專注力容易受到外界影響而動搖,而平日透過「慢速閱讀思考法」的練習方式,你將能逐步消除注意力不集中的負面影響,同時強化自身的思考力與意志力。

你可以選擇閱讀一本書或一篇文章,在開始閱讀之前,首先要自問:「我閱讀它們是為了什麼?」找出你閱讀的原因,堅定閱讀的目標,然後集中注意力逐行逐字地閱讀。閱讀句子時,想想這個句子說明了什麼?讀完某個段落以後,同樣想想這個段落闡述了什麼樣的想法?在反覆閱讀和思考之後,試著歸納總結文章中所傳遞出的思想,再利用自己的語言陳述文章大意,如果過程中發現自己走神了,就重新閱讀剛才看到的段落或句子,直到你能完全專注於閱讀與思考。只要持續以上的練習,掌握箇中技巧,注意力不集中、無法專心思考的問題就能逐漸改善。

5-2
想像力與意志力的完美結合，為你圓夢

　　想像力在我們的生活中扮演著很重要的角色，許多創意發明、個人理想的實現都少不了想像力的推動，諸如煙囪、火車、飛機、電腦、網路、行動電話等影響文明發展進程的重要事物，更是突顯出想像力的巨大威力，而你是否能善用想像力讓自己的生活更美好呢？

　　一般而言，想像力會以兩種表現形式：綜合型想像力（synthetic imagination）和創造型想像力（creative imagination）。綜合型想像力通常是把固有的觀念、習慣、構想綜合起來後，形成一種新概念或新事物，換言之，綜合型想像力主要是以既有知識或原有事物為基礎，然後予以創新或改革，例如自一八一六年滅火器問世後，隨著相關知識與技術的發展，滅火器也不斷地經過創新與改良，因此有了今日多達五種以上的不同種類。

　　至於創造型想像力則是在有限的知識中，借助想像力激盪出創造的靈感，從而讓某種概念或物品明確成形。例如一位日本媽媽因為孩子重病臥床，平常要照顧孩子喝水非常不方便，所以想設計一種即便人躺在床上也能輕鬆喝到水的吸管，可是她翻閱許多書籍都沒有頭緒，直到某天清理廚房水槽時，看到一截又一截如關節般的水管時，頓時靈感閃現，因而發明了可彎吸管。

　　無論是運用綜合型想像力或創造型想像力，你的渴望、信念、理想或計畫都有機會透過它們獲得實現，但儘管想像力可以創造無數可能，各種

構思與設想仍必須建立在理性分析的基礎上，才能提高具體實現的機率。也就是說真正有價值、有意義的想像力經得起理性分析，並且在動機、目標與行動上擁有明確性與可行性，否則很容易就淪為漫無目標、虛無飄渺的「幻想」。更進一步來說，當想像力帶有理性思維時，明確的動機與目標往往能讓意志力引導並敦促人們付諸行動，甚至從中預知自身行為所產生的結果。

舉例來說，人們以前認為要像鳥兒一樣在天空飛翔是不可能的事，但總有人試圖實現空中飛行的夢想，於是從古文明時期開始就不斷有人投入研究。隨著熱氣球、飛艇、滑翔翼等飛行機具的出現，「動力飛行」成為了新目標，而被譽為現代飛機發明者的萊特兄弟（Orville and Wilbur Wright），在吸取前人智慧結晶以及持續努力的航空實驗下，他們自行研製的飛行者一號（Flyer I）成為了世界上第一架可受控制的動力飛機。

由此可見，理性的想像力搭配上堅定的意志力，許多的構思與設想都有機會獲得實現，當然了，想像力不見得只能用來發明改變人類歷史的事物，生活中小從物品的 DIY 與廢物利用，大到個人理想生活的規劃，都是想像力與意志力的結合運用，而平日鍛鍊想像力不僅能幫助我們突破狹隘框架，以更具智慧與創意的方式解決問題，也能在同步提升意志力的同時，有效實現個人的生活目標。

善用九種想像力訓練法，激發你獨特的想像力！

方法一、嗅覺想像訓練法

氣味雖然沒有顏色、沒有溫度，但當我們嗅聞到某種物品的氣味時，大腦會產生情緒記憶的連結，因此透過回憶並想像氣味，不僅能激盪腦力

與想像力，也可以激發創造力。同樣的道理，我們的視覺、聽覺、味覺、觸覺都可以運用相同的方式進行想像訓練。

訓練步驟 1： 運用想像力，試著想像一朵鮮豔的玫瑰花，先是想像它的樣子、顏色以及它芳香的氣味，然後逐漸擴大想像範圍，想像一朵又一朵的玫瑰花開滿山坡，而陣陣清風為你送來玫瑰花濃郁的香氣。你也可以滴一滴香水在身上，假想這滴香水來自一泓泉水，然後聯想這一泓泉水飄散著香氣，一陣清風吹過，森林中瀰漫著芬芳氣息。

訓練步驟 2： 如果這些氣味有顏色，你覺得它們應該是什麼色系？它們又會讓你想起什麼物品？產生什麼樣的情緒？

練習步驟 3： 這樣的練習最好是在一處靜謐的地方，可以讓你不受外界的打擾，而練習想像力的過程中，無論你想像以何種物品作為練習對象，都要運用意志力保持頭腦的清醒。

方法二、聽覺想像訓練法

訓練步驟 1： 選擇一段包含流水、鳥鳴、風聲等元素的自然音樂展開練習，如果情況允許，你甚至能置身於山林之間練習。聆聽這些旋律，比如聽見小溪或瀑布所發出的聲響，問問自己這樣的聲響熟悉嗎？你能聯想或回憶起自己在何時曾經聽過這種聲音？聽到這種聲音後，你的情緒有什麼樣的變化？

訓練步驟 2： 聆聽音樂中出現的所有聲響，分析一下這些聲音都包括些什麼？好比有蟲鳴、鳥叫、水流聲、鋼琴聲等等，然後集中注意力傾聽當中的某一種聲音，再逐次傾聽每一種能夠聽到的聲音，並且分析它們的高低強弱。

練習步驟 3：關掉音樂或者選擇一個安靜的地方，回憶剛才聽到的聲音，請先回憶整體的聲音效果，再回憶聽到過的每種聲音，或許剛開始練習時，你不能準確地回憶起聽到過的聲響，但只要勤於練習，你便能逐漸掌握箇中技巧。

方法三、視覺影像訓練法

訓練步驟 1：回想你曾經見過的一處美景，嘗試回憶一些它的細枝末節，要是無法回憶得鉅細靡遺，就運用想像力和合理的推測把畫面彌補完整，總之，盡可能透過回想把美景完整地呈現在腦海中。

訓練步驟 2：當你腦中有了風景的輪廓之後，試著把它的細部景象逐漸具體化，也就是讓細部風景更加栩栩如生，你可以經常用不同的風景進行練習，隨著練習次數的增多，你將發現自己的想像力有所提升，而且能夠很輕鬆地回憶起曾見過的風景。

方法四、回憶追溯訓練法

訓練步驟 1：回憶一次刻骨銘心的經歷，儘量回憶起全部的細節和過程，讓自己在腦海中重新經歷一次。練習過程中要集中注意力，依循著事件的發展規律一點一滴地回憶。

訓練步驟 2：思考一下這件事的動機與發展過程有何關係？這段經歷為你帶來何種影響？想想自己當時的感受是什麼？又為何會出現那樣的感受？這件事對你以後的生活有什麼樣的影響？如果有機會選擇的話，你願不願意重新經歷它？假如不願意的話，理由是什麼？如果又遇到類似的事情，你會選擇怎樣做？為了避免出現不良後果，你將如何防止此類情況的發生？

訓練步驟 3：在練習過程中，試著讓自己客觀分析過往事件中的得與失。這樣的練習可以幫助我們吸取過往經驗，並且學會以理性的想像力去預想行動結果，進而養成處事謹慎、三思而後行的習慣。

方法五、凝視想像練習法

眼睛凝視某個物品，然後發揮想像力，展開聯想；好比你凝視的物品是一匹馬的雕像，想像牠擁有一雙翅膀，可以飛翔到遙遠的地方，又例如你凝視的是一團電線，那就把它當作蜘蛛的蛛絲，並且用它來作為編織隱形長袍的材料，而你只需吹一口氣就可以做到。持續不斷地對各式各樣的事物進行不設限的想像，直到你的意志力能夠完全控制想像力，讓想像力能夠收放自如。

方法六、文字想像訓練法

選擇一本書籍，從中找出那些想像力豐富的情景描寫，並在腦海裡想像那些字句所描繪的景象，好比「幾隻不知名鳥兒在空中飛翔，不時發出婉轉高亢、充滿靈氣的啼唱，這些鳥鳴聲彷彿能傳到山谷深處，使人感覺整座山谷更加幽深」，無論你是否聽過這樣的鳥鳴聲，只需要將這段文字轉化為腦海中一幅生動活潑的圖景。練習的時候，思維不能中斷或混亂，堅持想像下去，直到景象清晰，栩栩如生，成功做到這一點之後，再將這幅景象用自己的話描繪出來。平日經常進行這樣的練習，你將會感覺自己的洞察力、想像力與意志力正在日漸提升。

方法七、視角切換訓練法

回想自己在旅行中見到的美景，然後請在腦海中描繪以下的一幅圖畫：「在廣闊無邊的土地上，生長著許多高大的樹木，同時也有一些低矮的灌木叢，林地上落滿了層層的葉子；那些高大挺拔的樹木長得鬱鬱蔥蔥，

樹葉五顏六色，參差駁雜，陽光穿過茂密的樹冠照射在地上，明亮而溫暖，而時不時有一陣陣的清風吹拂過樹葉，葉子因此發出沙沙的聲響。這片森林除了偶爾的風聲和遠處傳來的幾聲鳥啼，處處都充斥著祥和氣氛，就連小松鼠們也在樹叢間歡快地嬉戲。你站在這片美景的中間，欣賞著一切，你的心情變得愉悅輕鬆，不得不感歎世界的美好和生命的勃勃生機。」

　　儘量運用自己的想像力，想像一些與上述景象類似的美麗風景，再分析一下它們的異同點，及它們給予你的印象和感覺。這個練習的特點是從相異的角度進行想像，如果你能堅持這樣的練習，觀察力與想像力將能有所提升。練習過程中，記得要讓你的意志力適當掌控想像力，避免漫無目標地胡思亂想。

方法八、詩情畫意訓練法

訓練步驟 1： 閱讀一些具有豐富想像力的詩詞，徹底瞭解其中每個詞的意涵，當你掌握了全部內容之後，將其描述的畫面深深地勾勒於自己的腦海裡，然後把詩詞內容所要表達的思想、情感概括地寫下來，過程中關注一下想像豐富、奇特的部分，並從想像的角度評斷它的優點和不足。

訓練步驟 2： 觀察一下詩詞當中的想像部分是否存有相互影響的關係，思考它們各自的特點，並且分析它們是如何打動人心，又為何能有長久的生命力始終被人所傳頌？

訓練步驟 3： 堅持這樣的練習，你的想像力與理性思維將同步獲得激發。

方法九、小說人物想像練習法

訓練步驟 1： 選擇一本小說，研究小說人物的生活和性格，閱讀過程中要充分瞭解書中的各色人物，分析他們的言行舉止，以及隱藏

在行為舉止後面的動機與情緒，直到每一個人物的形象、性格特徵都能夠清晰地、栩栩如生地刻在你的腦海裡。

訓練步驟 2：思考看看生活環境和出身對故事人物有何影響？瞭解他們的行為是否符合實際的生活？你也許會發現，他們的觀點或看法有可能是錯誤的，尤其在做某些事時，往往沒有深思熟慮、權衡利弊，只是憑著一時衝動就去做了，假如換成你，你是否會採取相同的行為？你又是否能想到更好的處理方式？

訓練步驟 3：全面掌握了書的內容之後，試著問自己一些問題，例如書中的人物有沒有改進的餘地？故事情節能不能更動人？人物性格和人物命運有怎樣的關係？是否合情合理？你能否將在書中得到的啟示運用到實際生活中，使得自己的生活更加美滿和諧？

訓練步驟 4：練習時，一定要謹記這個練習的目的是培養想像力！當你試圖揭示故事人物的行為，以及其背後所隱藏的動機，藉以判斷事物發展趨勢的時候，就已經是在磨礪自己的想像力，因此隨著練習次數的增多，你的想像力、理解力、分析推理能力和意志力將進步許多。

合理地運用想像力，
你才能激發潛能和意志力，實現自我目標

想像力的合理運用能幫助人們激發潛能和意志力，因此在腦海中想像自己成功實現目標的畫面，往往能鼓舞人們堅定信念，努力實現目標，但在此之前，我們必須區分「幻想」和「理性想像」的不同。假設你認為飛行員是世上最偉大的工作，當你走在街道上，抬頭凝視冒著白煙、在天空中自由飛翔的噴氣式飛機時，你想像自己正坐在飛機的駕駛座上，開著飛機隨意飛翔，甚至盤旋於城市上空，飛機落地後，女孩子看到你走下飛機，眼中充滿了崇拜，然而，這樣的想像情景是白日夢，它絲毫不能幫助你實現成為飛行員的願望。

盲目的幻想並不能激發潛能，合理運用想像力的正確方法是，你不僅要真誠地相信自己可以做到，還要採取實際行動來實現目標，因此理性想像的場景應該類似於：你參加了飛行員的特殊訓練，你開著飛機在天空中盤旋，飛機落地後，教官走過來告訴你這次的飛行訓練表現不錯，相信你很快就能拿到飛行執照。換言之，理性想像力所建構出來的精神畫面絕非天馬行空，它既有脈絡可循，也能在現實生活中實現，當你的腦海中形成實現願望的畫面，然後在這個成功畫面的指引下採取實際行動，你的潛能與意志力才有可能受到激發，從而實現自我目標！

5-3
有效的閱讀習慣，吸收知識不 NG ！

　　英國工黨傑出領袖莫里森（Herbert Stanley Morrison）曾說，他一生中得到的最好忠告來自於一位街頭算命師。

　　由於家境貧困，莫里森並未能接受完整的正規教育，十四歲時就開始打工賺取家用。某天，他在打工的雜貨店附近與一位算命師閒聊，算命師問他平常都看些什麼書，他說大部分都是看書報攤上一本一個硬幣的恐怖故事書。算命師聽完後說：「這總比什麼書都不看要好。不過你有這麼聰明的頭腦，何不也看看一些歷史傳記？看書雖然是隨自己的喜好去看，但如果能養成閱讀習慣，從書裡獲得些知識，這樣收穫才大啊！」

　　算命師大概沒想到自己的一番話，成為了莫里森的人生轉振點。對於只有小學學歷的莫里森來說，繼續上學要支付的學費過於昂貴，如果能自修唸書的話一樣能學習，但是買書又是一筆花費，思前想後，他開始了頻繁跑圖書館的日子，進而奠定了日後進入英國下議院的學識基礎。

　　無論古今中外，許多成功人士都是依靠自修、長期閱讀為自己累積成功的資本，因為閱讀不僅是獲取廣泛知識、增廣見聞的好方法，也是不分年齡皆能從中拓展心靈發展、完善自我的途徑，而如今隨著教育的普及、科技的發展以及資訊的快速流通，閱讀的形式早已不再侷限於紙本，人們獲取知識的管道與成本更是大幅降低，但種種便利卻也造成了對資訊囫圇吞棗、不求甚解的隱患。換言之，在當今的時代，四面八方湧現的資訊經常讓人眼花撩亂，無論是各類媒體傳播的訊息，還是分類越發精細的書籍

種類，人們越是閱讀了眾多資訊，越需要獨立思考、理性判斷訊息，否則只會因為知道的訊息過於繁雜而感覺無所適從，希望從中獲取知識的效果也大打折扣。

關於閱讀這件事，每個人都有自己的閱讀習慣與目的，無論是為了累積知識、提升個人能力，還是豐富心靈、抒解壓力，閱讀帶給人們的好處都不會因為時代變遷而消逝，但唯有培養良好的閱讀習慣，學會「思考」和「判斷」，我們的學習力、思考力、理解力與意志力才能因此獲得強化，也才能將書中智慧運用於實際生活上！

掌握八種有效閱讀的技巧

你習慣以何種方式接受新知？有些人選擇觀看新聞媒體，有些人習慣利用網際網路，有些人傾向生活中的親身體驗，而在各種獲取知識的方式中，「閱讀」往往被認為是最具系統化的方法。閱讀書籍能大幅開放人們的思想，直接為日常生活帶來深遠的影響，這也意味了書籍不僅具有分享知識的功能，也有其激盪思想火花的無聲使命。

由於現代生活繁忙快速，很多人認為「靜心閱讀」是件奢侈的事，加上每天要面對龐大又流通迅速的資訊，每個人只能盡量去獲取新知，但這就造成了對很多事情的了解流於表面，無法深入思考事情本質，而容易人云亦云，失去自我主見，盲目錯信。以往大家都認為書要讀得越多越好，最好各種知識都能粗略懂一些，但事實上，隨著現今生活形態的轉變，以及資訊交流管道的多元化，我們對於閱讀書籍、吸收資訊的觀念也應適度調整，懂得「篩選過濾」、「貴精不貴多」反而才能真正吸收到知識，並且轉化為自己的智慧。

正如英國思想家培根（Francis Bacon）所主張的，閱讀能夠提高人們的修養，鍛鍊人們的能力，但最重要的是能保持獨立思考，判斷訊息的邏輯與真偽。換言之，真正的閱讀是深入探索作者的思想，從中產生共鳴、質疑或反思，繼而吸收、轉化這些思想使其成為自己知識的一部分，而在這此過程中，我們必須運用理解力和思考力，也必須發揮意志力讓自己保持精神專注，當然了，或許你會覺得思考式的閱讀聽起來很累人，但其實只要掌握以下的閱讀技巧，慢慢培養有效閱讀的習慣，你就能很順暢、很有效率地吸收書籍裡的知識和思想，與此同時，各項相關能力也能獲得提升！

一、閱讀需求要明確化

通常在選購書籍、挑選讀物之前，我們對於閱讀目的、閱讀需求會有大致上的想法，但有時你必須把這些想法更為細緻化、明確化，才能擬定具體的閱讀方向，繼而提高購書或挑選書籍的效率。舉例來說，當你希望獲得養生保健的相關知識時，你應明確思考哪一類的知識最符合個人需求，例如要偏向生活實用、要針對飲食攝取、要與銀髮族的身體保健有關等等，當你對知識的需求條件越具體，越能從相關書籍中精準挑選出你要的資訊。

此外，很多人挑選書籍時，習慣先從書名做判斷，而一般來說，書名有「虛實之分」，「虛」的書名會間接採用比喻、象徵、暗示性的標題，讓你無法判斷全書主題、內文屬性，「實」的書名則是直接、清晰，沒有過多修飾語，能讓你立即得知全書主題，因此選購書籍時，可以藉由查閱書名初步掌握全書主題。值得注意的是，書籍本身是否符合你的個人需求，必須試閱部分內容後才能確認，不能單從書名就決定購買與否。

二、查閱作者資料

當你閱讀某位作者的作品後，對於他的寫作手法與觀點會具有熟悉度，甚至成為忠實的書迷，因此在購買或選讀相關著作時，多半不會感到遲疑，但是對於從未接觸過的作者，就必須藉由作者簡介才能有初步認識。作者簡介通常擺放於書籍的封面或封底，其中羅列的個人資訊，可能包含了作者的學經歷、相關著作、專攻領域、聯繫方式甚至是個人照片，這些資訊除了能讓你對作者有粗淺的瞭解外，也能依據作者擅長的知識領域判斷內文走向，並且循線閱讀其他的相關作品，所以選購書籍時，事先查閱作者資料，可以協助你確認書籍的可信度、實用度，尤其是選購專業類書籍時，作者的學經歷將能作為購買的參考資訊。

三、要先看目錄

有些人習慣一拿到書就立即翻閱內容，直接跳過目錄與前言的篇章，但事實上，真正提高閱讀或選購效率的方式，應該是先從目錄與序言開始查閱，如此不但能掌握全書梗概，也能快速得知內文是否符合個人的知識需求。

由於目錄完整概括了全書的主旨與各章節，形同是全書內容的濃縮綱目，因此閱讀目錄就能清楚掌握全書的架構佈局，以及各章節之間的邏輯關係，進而尋找到符合個人需求的重點部分。至於序言可視為全書的濃縮說明或總評，它多半都會提到全書的寫作目的、編寫體例、適用對象等等資訊，不僅可以幫助你更瞭解全書的整體內容，也能得知作者的寫作緣由與背景，有時從中就能判斷全書是否適合自己閱讀。

四、留意前言或簡介中所傳遞的核心思想

在仔細看過作者和目錄以後，如果你打算繼續閱讀內文，就有必要認真地讀一下前言。閱讀完後，思索一下作者在前言裡究竟說了些什麼，並

再次確定此書的思想是否明確，內容是否是自己想獲知的訊息。此外，一本書如果有內容簡介，最好能仔細地閱讀一遍，因為簡介裡所講述的內容正是一本書的核心思想，不瞭解的話可能會產生很多誤解，閱讀過後，思考一下內容簡介有什麼內在含義，簡介裡是否表達出作者的思想，又是否清楚交代了此書的核心內容，然後判斷該書是否符合自己的需求。

五、適時運用意志力，淘洗書中的知識金磚

　　一個人的閱讀偏好會影響他的選書狀況，好比喜歡文章用語樸實、直陳要點的人，他就有可能選擇文筆洗練、簡潔扼要的作品，而傾向以理性思維、批判角度閱讀文章的人，他關注的多半是內容是否充實、符合邏輯。由於每個人的閱讀偏好有時具有強烈傾向，因此有人主張以「二十五頁」為棄文界線，意思就是說在閱讀了一本書的前二十五頁後，權衡自己的閱讀需求、閱讀偏好有沒有獲得滿足，又是否收穫了新穎獨到的見解，如果都沒有，這本書就可以考慮放棄閱讀，不過這樣的主張並不全然正確，因為有時讀書就好像是在淘金，藏有金子的礦脈總是需要付出耐心才能尋獲，所以面對一些具有閱讀價值卻不符合自己閱讀偏好的書籍時，適時運用意志力讓自己保持閱讀耐心，反而會有意料之外的收穫。

六、精讀一本書往往更有收穫

　　有些書籍精讀一次的效果將遠遠超過多次的表面瀏覽，而精讀技巧則需要經過練習才能熟能生巧。當你開始閱讀一本書時，試著分析書中的句子，例如某個詞、某句話的真正意涵是什麼，如果某些句子過於抽象，不妨找出例子讓句中的意涵簡單明瞭，總之就是要深刻理解字詞背後的真正含義，然後用同樣的方法，細心地閱讀一段文字，並把這段內容的主要思想概括出來，接著再以同樣的方法，閱讀一篇內容、一節內容、一章內容，直到整本書閱讀完畢。

　　一般而言，精讀練習能夠使眼睛變得敏銳，也可以迅速地將文字觀點轉變為頭腦裡的清晰影像，從而構成一種印象既深刻、又能深入思考的思想體系，因此以精讀方式閱覽過的書籍，多半不需要反覆閱讀就能記憶穩固。值得注意的是，在精讀書籍的過程中，有些深具關鍵性的字詞一旦遺漏或錯解，就會造成文意的歧異，所以閱讀時要細心思考，至於一般性的字詞語句只要掌握核心意思即可，千萬不要矯枉過正，讓自己過度斟酌詞語而本末倒置。

七、製作索引，既能方便查找，又可以輔助記憶

　　在閱讀過程中，你可以將內文裡重要的句子或段落做下標記，這能幫助你在讀完某一章節進行重點記憶，而且日後要再次複習或加深印象時，只要閱讀標記處就可以，當然你也可以製作資料索引，往往這不但能輔助記憶，需要運用相關資料時，也能方便你查找與彙整。

八、提醒自己要保持獨立思考

　　《孟子‧盡心篇》裡有句流傳甚廣的名言：「盡信書不如無書。」意思是指讀書要懂得融會貫通、思考辯證，對於任何的資訊或知識都應保持合理的懷疑，往往理性的判斷加上自我省思，就能避免被似是而非的資訊誤導，因此在閱讀過程中，我們應時常提醒自己保持獨立思考，不草率否定任何觀點，也不隨意盲從任何看法，而查看作品引用的事例是否真實、引用的資料是否詳備、解釋是否清晰、意思是否明確、論點是否有漏洞等等，都可以作為檢驗資訊真實度、可信度的標準。

 學海無涯！做好知識管理，打造你的智慧圖書館！

　　有些愛書人會以擁有大量的藏書為傲，可是當家中書籍的數量多到可

觀時，直接考驗的就是收納與管理的能力，一旦書籍的收納能力欠佳，就會讓書籍佔據過多的生活空間，要是加上書籍管理不當，臨時要找出特定書籍的內文資料，更是不知從何找起，因此在書籍的收納與管理上，勢必要花費心思加以規劃。以下，我們將介紹書籍收納與管理的小要領，只要你能妥善應用，就可建立個人化的小型圖書館。

一、書籍收納的原則

書籍收納的常見分類法，主要是依據書籍的開數大小與內容主題，而你是依據何種分類原則收納書籍呢？按照書籍尺寸大小統一擺放，是經常被運用的收納方式，它的好處是讓書櫃看起來井然有序，但缺點是各類主題的書籍互相混雜，造成知識系統化不足，往往書籍數量龐大時，尋書相當不易。假使依據書籍主題收納，比如經濟類書籍、文學類書籍各自劃區擺放，可以形成不同領域的「知識專區」，不過拘泥於主題分類時，想要活用書籍又會有靈活性不足的問題。

事實上，書籍的各種收納方式都有優缺點，加上個人需求、閱讀習慣、使用習慣的不同，每個人適用的收納法也會有所差異，因此只要書籍收納後便於翻閱、檢視、尋找，就是適合你的收納法，有時交叉運用分類原則，或是配合個人學習主題分區收納，也能提高書籍的使用便利性。

舉例來說，你可以將常用書籍與實用工具書放在同一區，並且預留部分空間，以便隨時增放相關書籍，也是一種彈性運用方式。

二、書籍管理的訣竅

書籍數量一多時，想要快速找尋某本書的內容，或是特定作者的相關資訊，經常是一件費時費工的事情，提高尋找效率的方式，除了前面章節曾介紹的索引卡片建立法，你可以嘗試使用書籍管理軟體，替自己建立一

套電腦圖書檢索系統。通常書籍管理軟體可以讓你紀錄書籍分類、書名、作者、分類、出版日期、價格、購入日、版本、國際書碼等資訊，甚至將書本封面掃瞄後，還能轉存成圖片加以記錄，使用上相當便利。

　　總結來說，當我們藉由閱讀書籍滿足各類的知識需求時，最終目的無非是累積知識、活用知識，而從購書、收納直到實際應用知識，若能以有效率的方式「管理」知識，不但可以提高知識的使用效益，也能讓我們以最少的時間與精力，獲取最大量的有益知識！

5-4
意志力需要心態積極來充電

　　你覺得自己現在過得幸福美滿嗎？每個人都希望擁有幸福快樂的生活，也希望自己的努力可以獲得肯定與回報，然而人生並不會永遠順利無阻，許多的挑戰、阻礙以及不可預料的變數，經常帶給人們現實生活與心靈上的衝擊，而在面對意外變故時，如果內心能擁有一股積極向上、樂觀進取的精神力量，往往能幫助人們找尋有利優勢，化危機為轉機。

　　在日常生活中，「凡事抱持積極心態」可說是大家耳熟能詳的論點，不過人們經常面臨的矛盾問題是，如果生活充滿了艱辛與挑戰，甚至每個月都要為下個月的生活費憂愁煩惱，關於那些積極進取、樂觀豁達的論點還能給予人們實質幫助嗎？事實上，依據心理研究結果顯示，這樣的論點有其合理性與必要性。

　　心理研究發現，當小朋友開心高興的時候，他們拼積木的速度與平日相比下最多可以提高 50%，空間記憶力大幅提升，而業務員心情愉快時的平均業績將比情緒低落時的業績多出 37%，類似的實驗結果無一例外地表明，不分年齡，人們都會因為情緒愉悅而提高做事效率。心理學家更進一步指出，當一個人的心理處於消極狀態時，他的大腦會採用「抗爭」或「逃避」的應對方式來處理外界的人事物；相反的，當一個人的心理狀態十分積極時，他的大腦對外界人事物的應對方式是「拓展」和「建立」，繼而增加了創造成功新模式、加大了問題解決方案的可能性。

　　此外，當一個人心理處於快樂、樂觀、積極的狀態時，他的腦內會釋

放一種腦神經傳導物質多巴胺（Dopamine），它能夠使人感到幸福、愉快、滿足，同時啟動大腦的學習中心，大幅提高學習力與專注力，往往個人的潛能也因此獲得發掘與發揮；最顯明的例子就是，考前臨時抱佛腳熬夜唸書，最後無論是否通過了考試，那些在焦慮狀態下學習的知識常常過幾天就忘得一乾二淨，相反的，當我們以愉悅狀態去學習或做事時，好心情加上大量分泌的多巴胺，經常促使我們記憶力變好，思路清晰。這也意味著心情愉悅的狀態下，我們的學習能力、處事能力、專注力、思考力與意志力都會明顯提升。

由此可見，如果我們能替自己樹立積極進取的生活心態，時常保持心情愉悅，不僅在面對各類問題時，可以用更具有創意和智慧的方式加以解決，對於促進身心健康、改善生活、提高幸福指數也多有益處。當然了，積極心態並不是要求我們把「吃苦當作吃補」，而是當生活境遇不順遂時，能夠懂得自我調節情緒，避免沈溺在負面情緒中一蹶不振，換言之，積極心態主要是培養出適應環境的能力，幫助我們以堅定的意志力和努力進取的態度，解決問題、創造社會支援、改善現狀，這就如同我們有時雖然無法迴避人生的挫敗與打擊，但卻能決定處理問題、面對現實的方式，從中創造幸福，獲得和諧快樂的生活。

擁有面對痛苦、處理失敗的智慧與積極心態！

心理學家班夏哈（Tal Ben-Shahar）在哈佛大學教授正向心理學（Positive Psychology）期間，一位學生曾在課堂上「嗆」他，那位學生說：「你就是那位教人如何快樂和幸福的老師吧？我的室友選修了你的課程，但我會努力找到你不快樂的證據，然後告訴他，你上課說的都是騙人的，因為你也會不快樂。」班夏哈聽完後沒有惱怒，只是坦然地回應：「你不

用費心找證據了，我現在就可以告訴你實情。我也有感覺不快樂的時候，但這並不影響『我是幸福的』這個事實。」

班夏哈的經歷正揭示了一個普遍現象，多數人認為的幸福生活就是沒有痛苦、沒有挫折、沒有打擊，因此在實現擁有幸福人生的目標時，很容易把焦點放於：消除痛苦、避免失敗，然而，這世界上有很多令人不快的痛苦與打擊是客觀存在的，例如衰老、疾病、死亡等等，它們並不會因為你的排斥或努力就自動消失不再出現，這無關乎一個人的能力強弱、貧窮富貴、出身背景，人生當中有許多痛苦打擊是無法徹底杜絕的，如果從心理上將幸福生活定義為沒有痛苦和失敗，並且將此作為目標，往往只會如同追逐太陽的巨人一樣，不斷地產生挫敗感與無力感，結果便是距離幸福這兩個字越來越遠。

不論每個人理想中的幸福人生是何種樣貌，在付出努力想實現它的同時，我們都應理解生活中有些磨難可以避免，但有些卻無法迴避，所以期盼人生完全沒有痛苦和失敗並不切實際，而正因為有些挫敗、痛苦、不幸是客觀的存在，我們更要保持積極心態，才能在遭遇痛苦和失敗時自我調節情緒，積極思考「接下來該怎麼做」，而不是一再質疑「為什麼不幸的是我」，讓自己停留在負面情緒中始終走不出來。換言之，一個真正具有積極心態、懂得調節情緒的人，面對痛苦和失敗時，他所想的不是如何讓它們永遠消失、也不是它們讓自己失去了什麼，而是看看自己還擁有什麼，並且思考如何降低那些挫折事件所帶來的傷害，改善當前狀況。

當然了，許多時候遇到挫折與打擊時，我們的理智會告訴自己不要沮喪、要積極、要好好過日子，但情感上卻完全無法抵抗負面情緒的侵襲，一來一往之間的拉扯，反倒讓心情變成一個大漩渦，一下子振奮，一下子低落，嚴重時甚至還影響到正常的生活，而如何調節日常生活中出現的不

良情緒，讓自己能經常擁有和諧穩定的心情呢？以下的自我練習，將能幫助你克服負面情緒的干擾，保持積極的心理狀態。

善用四大生活妙招，讓自己保持積極的心理狀態

一、正確認知自我，別將他人評價視為絕對標準

在日常生活中，自我意識過於強烈經常會使人放大自己在他人眼中的存在感，總覺得自己的一言一行會受到許多人的關注，而且別人對自己的表現都會做出論斷，可想而知的，這不但會讓他人的看法與評價綑綁了自己，也容易引發各種負面心理，讓自己蒙受沈重的精神壓力。比如當你上台演講之前，你太在意自己的演說表現是否能贏得滿堂喝采、太在乎別人即將對自己做出的評價等等，你就會產生緊張心理，並且有了憂慮、焦躁、慌張等情緒反應，這時如果能夠把注意力聚焦「清楚陳述演說內容」這部分，緊張心理反而能逐漸獲得舒緩，臨場表現也就不會失去平日應有的水準。

◎ Do it！你可以這樣做！

如果平日讓你不快樂的根源，經常是你對別人的幾句評價耿耿於懷，或者老是擔心自己做了什麼會惹來非議，你應思考以下幾點，試著讓自己擺脫這類不良情緒的困擾。

◇ 別人根本沒有那麼在乎你：很多時候，別人並沒有你想像中的那麼關注你的表現，他們甚至不在乎你到底能否功成名就、生活順心，所以你不必因為他們的評價和說法而刻意迎合，或是違背自己真正的想法，即便你聽從他們的意見行事，他們也不會為事情的後果負上任何責任。請牢記：對於自己的人生，你最該做的事就是負起責任，學會勇於做出自己

的抉擇，你的生活不是為了讓不相關的人感到滿意。

◇ 真正了解你的人，只有你自己：別人對你的評價有時就像一面哈哈鏡，它投射出的影子並不代表你真實的自己，相對的，你自認為能夠憑藉別人的外在表現，就拍拍胸膛說你完全了解對方嗎？如果你無法做到這一點，相同的，別人也無法做到。許多時候，與其花時間收集別人對你的評價，不如把時間用來實現自我成長；學習正確地認知自己，正視並接納自己的優缺點，你才能知道如何讓自己變得更好，並且擁有積極的成長動力。

二、對於未來或過去的事，你不必那麼用力糾纏

根據一項心理學研究發現，大多數人有 46.9% 的時間都在胡思亂想，而在這段時間裡，人們很容易感到不快樂，即使開始想的是愉快的事，也時常會陷入傷感、憂愁等等的消極情緒，因為人們習慣把過去曾經的快樂與順利用來對比現在生活的平淡、挫敗、不如意，而感到哀傷、痛苦、憂慮。事實上，我們如果能夠調整自己的心理與情緒，讓自己「覺醒」於當下，不僅對於生活的幸福感會大幅提升，自己的心理也能時常處於積極狀態。

一般來說，有很高比例的人會覺得自己的幸福生活、快樂日子存在於過去或未來，而不是在當下的現實生活裡，究其原因，我們可以從人們的「適應性心理本能」加以探討。

通常認為幸福只存在於過去的人，極有可能是經歷了某些變故，一時難以接受巨大的落差，然而人們具有適應的心理本能，許多令人痛苦萬分的事件，哪怕有時會花費較長的時間，心理的適應本能也能逐漸治癒心靈上的傷口。

舉例來說，人們失去生命中至關重要的親友時會感到非常悲傷，那種曾經與對方共度的幸福時光再也不會有的痛苦，會讓人感覺失去了繼續

活下去的力量，這時任何語言的安慰效果都很有限，但隨著時間的流逝，無論當初的痛苦和悲傷有多麼強烈，適應的心理本能會發揮它的作用，逐漸引領人們走出傷痛。當人們用了很長的時間來適應對方不在身邊的生活後，悲傷哀痛逐漸平復了，面對生活的活力也隨之恢復，曾經認為的「幸福已逝」便成為當時的片面性想法，而事實是，獲取幸福的能力至始至終都未曾消失不見，只是被人們暫時擱置於一旁。

適應性的心理本能雖然可以幫助人們走出痛苦、平復哀傷，但是它同樣也會讓我們對當下生活的幸福與快樂視而不見，轉而認為真正的幸福、更大的快樂存在於未來。比如每天與家人生活在一起，即便偶爾有些爭吵，卻也享有了家庭的溫暖，而這些分外熟悉、習以為常的事情，平日裡並不會覺得有多麼了不起，並且認為實現其他目標如事業有成、順利追求到喜歡的人才是莫大的幸福，直到某天因為工作或求學而獨自一人外出生活時，很多人才意識到能夠天天與家人共進晚餐是很溫馨的幸福。

每個人都渴望過著幸福快樂的日子，而適應性的心理本能又常使人沈溺於過去、寄望於未來，忽視了當前生活中的幸福與快樂，導致內心容易感到不滿足、不快樂。這意味著在日常生活中要讓自己感到快樂滿足，我們並不需要捨近求遠，只要學會「活在當下，專注於現在」，體驗許多微小的快樂，就能帶給你滿滿的幸福感。

◎ Do it！你可以這樣做！

實踐步驟 1：試著欣賞或縱情享受你在當下時刻所做的任何事，別讓思緒纏繞在過去或未來。舉例來說，當你上咖啡館，點上一杯你最愛喝的咖啡時，不要去比較它是不是沒有你曾經喝過的某家咖啡要來得香醇可口，也不要想著改天要找誰去哪裡喝上更加香醇可口的咖啡，你所要做的就是品味當下的咖啡滋

味，享受咖啡廳裡的悠閒氣氛，讓自己去感受周圍的寧靜、和諧與快樂。

實踐步驟 2：每天花一些時間去享受自己當下正在做的事情，比如吃一餐飯、喝一杯熱茶、散步走過公園、與家人共進晚餐等等，並且記憶那些引起你正面情緒的行為，當你習慣這麼做之後，你採取的行動將促使那些愉快體驗更常發生，一旦你能從日常瑣事中體驗到更多的快樂、幸福和其他正面情緒時，心情自然常保愉悅，生活快樂指數也隨之增加。

三、關注自我呼吸，抵禦不良情緒的侵擾

有一個有趣的心理學實驗，研究小組要求每位受試者慢慢地品嚐一粒葡萄乾，過程中要把注意力集中於感官上，並且盡可能去感受葡萄乾的色澤、香氣、味道和口感等等，在經過一段時間的反覆實驗後，如果受試者本人正好遭遇了失業、生病、人際社交等問題，心理與情緒反應往往會比較平靜，不太容易出現強烈的負面情緒，或是採取攻擊他人、傷害自我的不當行為。很顯然的，練習把注意力集中到自己當下的感覺上，能夠幫助人們平和心境，減輕壓力，抵禦不良情緒，同時強化意志力，而在日常生活中，訓練自己集中注意力最簡易、最不受條件限制的練習方式，莫過於呼吸練習法。

◎ Do it! 你可以這樣做！

呼吸練習法能夠有效地幫助我們將自己的精神力集中於當下，如果可以持之以恆地練習，將有利於讓潛意識形成穩定情緒、舒緩壓力的心理習慣。

訓練步驟 1：找一個能令你感到舒適的座位，入座後，雙腳平放在地上，

放鬆肩膀，挺直背部，頭部微微向前傾，然後閉上眼睛，自然地進行幾次深呼吸，調整你的狀態。深呼吸時，不妨依據你的身體狀況調整呼吸節奏，當然呼吸最好能夠緩慢而綿長，記得練習過程中，心情要保持平和，肌肉不要緊繃僵硬，盡可能摒除雜念，專注於你的呼吸。

訓練步驟 2：當你覺得身心放鬆，心無雜念後，開始正式練習，一樣繼續進行深呼吸，而第一次吐氣時，在內心默數「一」，然後吸氣，進行第二次吐氣時，在內心默數「二」，以此類推，直到第五次的吐氣結束。

訓練步驟 3：以五次深呼吸為一回合，每結束一回合後，你計算吐氣的次數都要從「一」重新開始。練習時間可以依據你的個人情況進行安排，有時剛開始練習會因為呼吸過量、尚未掌握練習訣竅而感到頭暈眼花，這時不妨放慢練習節奏，或者直接暫停練習，找出適合你的練習時間與次數後，慢慢再試著延長時間、增加次數，比如從一開始的五分鐘，慢慢延長為十分鐘、十五分鐘。

四、心情不佳時，找件事情全神貫注地執行

你一定有過這樣的經驗，當自己全心投入做某件事情時，由於高度集中的注意力阻絕了外界的干擾，往往能讓人忘卻了周圍的人事物，甚至完全感覺不到時間流逝，即使好幾個小時已經過去了，精神也不會感到疲倦，而在此過程中，全神貫注完成某件事所產生的成就感將使你感到愉悅快樂，內心也始終被一股充實又寧靜的力量所佔據，許多負面的情緒與雜念彷彿也隨之沈澱或消失。事實上，這樣的狀態我們可以視為是一種幸福體驗，同時它也是舒緩情緒壓力、放鬆身心的好方法，所以平日當你感覺

心情不好、煩悶憂慮時，不妨找些事情專注執行，以便讓自己的腦袋放空、重整情緒的喘息時間。

⊙ Do it! 你可以這樣做！

執行步驟 1： 在挑選你要做的事情時，選擇那些既不會造成你心理負擔，又能讓你感到愉快並集中精神去做的事，例如打掃地板、整理書櫃、畫畫、縫製手工娃娃、游泳等等。

執行步驟 2： 制訂你的執行小計畫，以便讓自己清楚下一步要做什麼，這能確保你做事時可以如行雲流水般地進行，有效防止不必要的思緒跳出來干擾你。好比你決定利用打掃地板來整理情緒，執行小計畫就可以規劃出先用吸塵器吸地，再用濕拖把拖地，最後乾拖把再擦一次。

執行步驟 3： 完成之後，檢視你努力的成果，並且仔細享受它、品味它，這也意味著你挑選執行的事最好能夠有直接又即時的成果回饋，因為效果一目了然，你可以適時調整自己的行為，繼而更加全神貫注地進入寧靜狀態。

情緒低潮時，你會如何面對？

在散落枯葉的秋天裡，你看到一對情侶正坐在公園的椅子上聊天，但他們的神情頗為凝重，好像是準備分手的樣子，不久後，女孩開始掉淚，接著請你想像一下後來的情形，並從以下的選項中，選出一個最接近你想像的答案。

A. 女孩後來一邊哭，一邊說再見，然後轉身離去。

B. 女孩注視著枯葉默默垂淚，漸漸地停止哭泣，恢復平靜，然後說了一句再見，起身離去。

C. 女孩一邊用手帕擦眼淚，一邊強顏歡笑，男孩對她說：「我走了，好好保重。」男孩說完就離她而去，但女孩一直目送著他的背影。

結果分析：

選 **A**：你是屬於好勝心很強的人，由於不服輸的個性，即便是陷入情緒低潮，也會盡最大的努力替自己爭取到相當利益，而平日你不妨多充電學習，多多結交朋友，這將在你想擺脫情緒低潮的時候有很大的幫助。

選 **B**：你是屬於內省型的人，一旦陷入情緒低潮時，將會耐心等待

自己恢復正常，或是研究是否有最好的對策，不過有時與其勉強自己掙脫困境，倒不如靜待心情慢慢轉好，畢竟人生總是會遇到挫折，某些時候在逆境中得到的啟示將帶給你更多的收穫。

選 **C**：你是屬於善體人意的人，當你陷入情緒低潮時，很容易觸動你引發許多想法，有時反而因此更能包容別人的缺點和過失，換言之，你會透過自己的困境，培養自己對他人的包容力，往往在情緒低潮期能提升自我成長，值得注意的是，要避免把所有過錯都攬在自己身上。

5-5
身心健康攸關意志力的強弱

　　過去人們經常認為工作越是忙碌的人，越是擁有不凡成就，因此每日平均工作超過十小時、頻繁往返各地參加商務會議、行程天天滿檔也被視為是勤奮進取的行為。然而，現今人們已經意識到過度忙碌的背後它藏著失去健康的危機，廢寢忘食的工作型態不再獲得推崇，轉而重視起合理工時、舒緩減壓、保健養生等議題。

　　身心健康永遠是幸福人生的根本，越來越多的相關資訊讓人們了解到，當一個人長期處於高度壓力、生活節奏快速的狀態下，如果欠缺適當的減壓放鬆、自我調節以及良好生活習慣，不僅身心健康會受到摧殘，包含認知能力、情緒管理能力、決策能力等等也將大幅降低，進而造成生活品質日漸下滑，甚至為人生帶來巨大危害，不過很多人可能不清楚意志力與身心健康也有著密切關係！

　　身心的全面健康和意志力具有相互依存、相互促進的關聯性，在一般情況下，身心健康狀況良好時，意志力較為強韌，而身心健康狀況不佳時，意志力則會較為薄弱。舉例來說，處理事情時，如果想發揮專注力、思考力和決斷力等能力，腦部就必須有充足的血液供應，而血液供給的基本來源不外乎是對食物的良好消化和吸收，以及對氧氣的充分利用，因此在肚子餓、消化不良、長時間保持固定姿勢、周圍環境通風狀況不佳、大腦過度使用、壓力沈重、睡眠不足、情緒不穩定等狀況下，身體的血液循環變差了，使得原本要供應給身體、腦部與其他組織細胞所需要的氧氣不足，

自然就產生精神不振、注意力不集中、昏昏欲睡、急躁易怒等諸多現象，
抵抗力和意志力也明顯減弱。

　　許多時候，在意志力發揮作用之前，身體反應或許早就先一步控制了
情緒和思想，所以平日應勤於關注自己的身心健康，再輔以堅強有力的意
志力，培養出良好的生活習慣，才能讓我們妥善管理自己的生活，擁有強
大的正向力量。

生活習慣小指南，擁抱健康人生

一、從一件件小事開始做起，幫自己培養規律的生活方式

　　紊亂的生活作息、毫無節制的飲食、散漫成性的日常習慣，直接影響
到身心健康，唯有下定決心養成規律的生活方式，我們才能成為生活的主
人，而不是生活的奴隸。當然了，規律的生活方式並不意味著你要像個軍
人一樣，每件事都嚴格遵守時間表，而是建立健康、穩定的生活習慣，幫
助自己的生活與身心健康都能維持在正面循環的狀態。

　　至於健康、穩定的生活習慣有哪些呢？最基本的是營養均衡的飲食、
充足的睡眠和穩定的作息，以及適度、適量的運動。剛開始時，你未必要
一口氣建立所有的良好生活習慣，不妨試著從養成一個小習慣做起，等
到這個習慣養成後，再進行另一個習慣的培養。比如多喝水是個健康好習
慣，那就連續十七天能每天攝取足夠而適當的飲水量，過程中務必發揮意
志力堅持下去，往往二週半的時間能讓重複進行的行為形成習慣，一旦習
慣養成後，繼續保持它就不難，就能再進行另一個好習慣的養成，比如每
天運動十五分鐘。

二、靈活安排睡眠時間，讓自己睡得有品質

無論是工作或學習都需要「勞逸結合」，適當的休息與放鬆可以減輕疲勞、增進效率，尤其是進行強度大、時間長、壓力大的體力活動和腦力活動時，更應特別注意休息時段的安排，以免因為過度疲勞引發身心不適，而平日當我們結束在外忙碌的一天之後，睡眠可說是最重要也最直接的休息方式，但是許多人卻苦於睡不飽或睡不好，造成精神不濟，影響工作或學習效果。

充足的睡眠能夠增強身體免疫系統、讓人恢復精力、保持身心和諧，但睡眠時間究竟要多久並沒有標準定數，因為每個人的生理條件、實際狀況各有不同，有的人睡七個小時就足夠，有的人則可能要睡九個小時，所以如果忽視了自己的睡眠需求，非要以「睡滿八小時」做為判定界線，勉強自己一定要睡足時數或者減少時數，只會造成睡眠上的痛苦。換言之，與其套用某種睡眠標準硬性規定自己的睡眠時間、睡眠習慣，結果造成睡眠狀況不佳，不如按照實際情況與自身生理時鐘，靈活地安排睡眠時間，反而更能保證自己的睡眠品質。

你可以觀察自己的生理時鐘，看看自己需要睡多久才能恢復精神、有活力，然後彈性安排睡眠時間與日常作息，最重要的是，在睡眠過程中要確保自己不受到干擾。值得注意的是，如果你常感覺怎麼睡都睡不飽，非常容易嗜睡，又或者時常飽受失眠之苦，請務必諮詢醫生，確定自己有睡眠障礙的問題，尋求解決。

三、生活再繁忙，也要記得每週至少打掃一次你的房間

維持生活空間乾淨整潔，不僅有益於身體健康，也能帶給人好心情，尤其在外我們要承受髒空氣、噪音、各種瑣事，如果能讓自己的活動空間寧靜、舒適、乾淨，返家後將更能讓身心獲得充分休息，因此就算平常的

生活再怎麼繁忙，每週至少要打掃一次你的房間，維持基本的整潔程度。

此外，由於每種顏色擁有不同波長的電磁波，對於人們的視覺神經、各種腺體也會產生不同的刺激，因此你不妨替自己的房間與居住空間挑選適合的顏色，幫助自己調整或改善身心狀況，提升身心舒適程度。以下六種顏色的相關效果提供你作為選色參考。

綠色系：綠色系能夠鎮靜神經、緩解眼睛疲勞，對煩躁或心理疲勞具有一定的舒緩作用，不過長時間處於綠色的環境中，也容易使人感到冷清，進而減輕食欲。

藍色系：藍色具有調節神經、鎮靜安神的作用，可是對於精神衰弱或心理憂鬱的人而言，藍色的生活環境卻會加重心理問題，所以當你心情格外低潮時，最好避免採用，以免造成反效果。

黃色系：黃色對健康的人具有穩定情緒、增進食欲的作用，然而對情緒壓抑、悲觀失望的人卻會加重情緒的消極程度，因此在選用搭配上需要格外注意。

白色系：白色能緩解衝動情緒，讓人不容易暴躁動怒，不過並不適合自閉症與抑鬱症患者。

粉色系：粉色與白色都具有穩定情緒的效果，但是粉色不會為精神壓抑的人帶來負面影響。

黑色系：黑色有鎮靜、安定的效果，能顯著改善激動、煩躁、失眠、驚恐的心理狀態。

四、經常聆聽音樂，可以調整自己的身心狀態

平常多多聆聽音樂，接受音樂的洗禮，能夠讓我們的聽覺和身心擁有雙重享受，並且調節身心狀態、轉換情緒、減輕壓力、消除焦慮、提振精

神、幫助入眠，而不同的音樂類型會對身心產生不同影響，這意味著當你需要調整或改善身心狀況時，不妨選擇適合的音樂幫助自己，例如情緒低落時可以選擇輕盈明快的樂曲。值得注意的是，利用聆聽音樂消除身心的疲憊或壓力時，不必勉強自己去聽不感興趣、不喜歡的音樂，以免適得其反，形成壓力。

五、與其虛度週末，不如把它們設定為積極心態培養日

忙碌一週後，不要浪費的週末假期，試著把它們設定為積極心態培養日，從事能令你抒解壓力、消除疲憊、愉悅輕鬆的良性活動，無論是親近大自然、安排短程旅遊、與朋友聚會，或是待在家裡聽音樂、看影集、陪伴家人，都是不錯的選擇，往往善用週末假期品味生活、感受當下幸福，不僅可以幫助自己整頓身心狀態，也能準備好未來一週的充沛活力。

六、頻繁使用正面語句，打造積極進取的生活

不要小看語言的自我暗示威力！請牢記你對事物的描述方式會塑造、強化自己對現實的感受，同時促使你採取出相應行為，這意味著負面用語的頻繁使用很容易加深你的身心壓力，並且把局面導向你最不樂意看見的狀況，因此平日經常使用積極正面的說話方式，學會關注事物的積極面、學會激勵自己，你的生活才能在潛移默化下充滿正能量，朝向更好的方向發展。

七、合理規範自己的同時，也別忘了獎勵自己

人們的努力與激情在得不到獎勵的情況下，經常很難長時間地維持下去，因此當我們為經營身心健康的生活而努力，並且戒除無益於自己的有害習慣、養成良好習慣的時候，請給予自己一定的獎勵，無論是一句自我讚美或是一次美好的旅行，都能強化自信心與意志力，延續我們的積極性與主動性。

意志力訓練法則

讓「感受幸福」成為一種生活習慣

　　健康、快樂、幸福的生活是每個人努力實現的人生終極目標，運用以下七種經營生活的原則，幫助自己擁有健康、創造快樂、享有幸福！

　　1. 堅決地放棄任何對你有害的事物，選擇對自己有意義、並能讓自己快樂的生活方式，你將會更容易感受到幸福。

　　2. 不要把你擁有的事物視為理所當然，也不要將他人的付出視為義務，感謝生活中外界給予的美好餽贈，你將更能覺知自己置身於幸福生活的氛圍中，並且成為一個散發正能量的人。

　　3. 幽默感是人生萬靈丹：幽默感是人際關係與身心狀態的潤滑劑，也是一種在困境中加速正能量恢復的能力。面對煩惱時，經常運用幽默感作為應對機制的人，因為能自我抒壓，身心健康問題比較少，而運用哭喊怒罵作為應對機制的人，身心壓力相對要沈重很多，健康問題也較多，這意味著培養你的幽默感，將能對維持身心狀態的和諧穩定具有助益。

　　4. 你不必那麼完美：不管是何種類型的完美主義者都很容易產生沮喪、焦慮、睡眠障礙、飲食紊亂等身心健康問題，事實上，在生活中你不必過度追求完美，只要能在大多數事情上表現優秀，小地方上的不足反而增顯親切和真實，甚至成就現實中的圓滿。與其追求讓自己活得完美，不如接受並包容缺失的客觀存在，坦然自在地生活。

　　5. 平常心看待得失：對事物的得失斤斤計較，時時估算自己能從中獲益多少、損失多少，並不能讓你生活得比較快樂。凡事在得與失之間總有平衡點，對已經擁有的事物要多加珍惜，對已經失去的事物豁達以對，當享受歡樂時，要思考痛苦來臨時的因應之道，當身處憂患時，要保持積極樂觀的心態，抱持平常心，客觀地看待

一切事物的得與失，你才能更自在輕鬆地過生活。

6. 置身人生低谷更要積蓄正能量：所有的挫折、打擊、磨難都是生命的一部分，好比植物生長中總有必須要修剪長壞的枝葉，而修剪過後，你會發現植物的樣貌更具風情，因此處於人生的低谷時，不妨換個角度思考：你多了一點思考人生的時間，你多了一些磨練自己的經驗，你多了許多人生的智慧，最重要的是，保持積極的心態，平心靜氣地思考因應之道，積蓄並補充自己的能量，等待時機來臨時，自然就能走過人生的低谷，順勢而起，逐步攀上高峰。

7. 合理並適度控制你的欲望：很多追求幸福人生的人容易走入「幸福誤區」，他們以為只要擁有更多的成功、賺取更多的錢、結交更多的朋友就能夠幸福，實則在拼命獲取的過程中，往往讓生活陷入煩亂複雜，身心疲憊不堪，反而感受不到快樂與幸福。許多時候，「更多」並不代表「更好」，合理並適度控制你的欲望，區別「想要」與「需要」，避免讓欲望牽著鼻子走，才能真正品味生活，享受幸福。

人資沒說的事 懂你的上司，工作才會順！！

➡ 你能選擇工作，但主管卻不是你可以選的！

《主管不是難相處，而是你不懂他》

溝通訓練專家 **鄭茜玲**◎著

上司難相處，真的只能任他擺佈嗎？
主管惹人厭，難道只能離職走人嗎？

教你這樣和他互動，不怕做白工！
再難搞、再機車的主管現在都挺你！！

Managing Up！How to Get Ahead with Any Type of Boss.

定價 **260** 元

別習慣向明天賒帳，
未來的你不一定就能改掉今天的惡習！

➡ 讓內心的擋路石，變成你最強大的墊腳石！

《免痛苦！不拖延的超強自控力》

企業管理專業顧問 **林均偉**◎著

改變不了拖延的壞習慣，
10年之後，你還是放棄夢想的你。

今天開始都還來得及，
一本有效擺脫拖延、還免痛苦的自控力強化指南

Happier～how to improve your self-control

定價 **300** 元

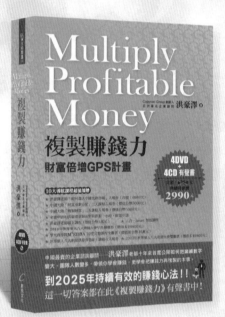

「能寫」又「會說」，你就是個咖！
成為專家最快的捷徑：一是出書、二是演講！！

寫書與出版實務班
從Nobody搖身一變成為Somebody！

出版界傳奇的締造者王擎天博士，擁有傳統出版 25 年及數位出版 15 年經驗，BOOK4U 及 SILKBOOK.COM 電子書及電子商務和紙本書虛實整合成功之運作模式與經驗。將親自傳授您**寫書、出書、賣書的不敗秘辛！**

　　躋身暢銷作者四部曲：教您如何**企劃一本書、如何撰寫一本書、如何出版一本書、如何行銷一本書。全國最強 4 天培訓班 · 保證出書**，讓您借書揚名，建立個人品牌，晉升專業人士，帶來源源不絕的財富！

公眾演說班
Speech 讓你的影響力與收入翻倍！

　　王擎天博士是北大 TTT（Training the Trainers to Train）的首席認證講師，其主持的**公眾演說班**，，理論＋實戰並重，**教您怎麼開口講**，更教您如何上台不**怯場，保證上台演說&學會銷講絕學！**本課程注重**一對一個別指導**，所以必須採小班制 · 限額招生，三天兩夜（含食宿）魔鬼特訓課程，把您當成世界級講師來培訓，讓你完全脫胎換骨成為一名超級演說家，並可成為亞洲或全球八大明師大會的講師，晉級 A 咖中的 A 咖！

學會公眾演說，你將能──
倍增收入，提高自信，發揮更大的影響力，改變你的人生！

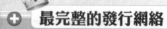

國家圖書館出版品預行編目資料

從想要到做到的意志力鍛鍊手冊 / 林均偉 著. --
初版. -- 新北市中和區：創見文化, 2015.9　面；
公分 (成功良品；83)
ISBN 978-986-271-632-8 (平裝)

1.成功法　　2.工作哲學

177.2　　　　　　　　　　　104015707

從想要到做到的意志力鍛鍊手冊

Concentration
and Willpower

成功良品 83

從想要到做到的意志力鍛鍊手冊

創見文化 · 智慧的銳眼

本書採減碳印製流程
並使用優質中性紙
（Acid & Alkali Free）
最符環保需求。

作者／林均偉
總編輯／歐綾纖
文字編輯／蔡靜怡
美術設計／蔡億盈

郵撥帳號／50017206 采舍國際有限公司（郵撥購買，請另付一成郵資）
台灣出版中心／新北市中和區中山路2段366巷10號10樓
電話／（02）2248-7896　　　　　　傳真／（02）2248-7758
ISBN／978-986-271-632-8
出版日期／2015年9月

全球華文市場總代理／采舍國際有限公司
地址／新北市中和區中山路2段366巷10號3樓
電話／（02）8245-8786　　　　　　傳真／（02）8245-8718

全系列書系特約展示
新絲路網路書店
地址／新北市中和區中山路2段366巷10號10樓
電話／（02）8245-9896
網址／www.silkbook.com
創見文化 **facebook** https://www.facebook.com/successbooks

本書於兩岸之行銷（營銷）活動悉由采舍國際公司圖書行銷部規畫執行。

線上總代理 ■ 全球華文聯合出版平台 www.book4u.com.tw
主題討論區 ■ http://www.silkbook.com/bookclub　　　● 新絲路讀書會
紙本書平台 ■ http://www.silkbook.com　　　　　　● 新絲路網路書店
電子書平台 ■ http://www.book4u.com.tw　　　　　● 華文電子書中心

B 華文自資出版平台　　　全球最大的華文自費出版集團
www.book4u.com.tw　　　專業客製化自助出版‧發行通路全國最強！
elsa@mail.book4u.com.tw
ying0952@mail.book4u.com.tw

創見文化，智慧的銳眼

www.book4u.com.tw　　www.silkbook.com

創見文化·智慧的銳眼
www.book4u.com.tw　　www.silkbook.com